依恋与 12种亲子关系力

张琳琳◎著

人民邮电出版社

北京

图书在版编目（CIP）数据

依恋与12种亲子关系力 / 张琳琳著. -- 北京：人民邮电出版社，2020.1（2020.10重印）
ISBN 978-7-115-52432-4

Ⅰ. ①依… Ⅱ. ①张… Ⅲ. ①家庭教育 Ⅳ. ①G78

中国版本图书馆CIP数据核字(2019)第252493号

内 容 提 要

关系决定关系，童年期孩子与父母的关系决定了其成年后各种关系的质量。每一个成年人身上的困境都映射出其童年时与主要抚养者的依恋关系是否健康，这是当下心理学界甚至普通大众都已理解的事实。那么对于那些已长大的年轻抚养者来说，怎样才能处理好自己和孩子的亲子关系呢？

本书内容的基础是作者在发展与教育心理学领域的从业经历与自身育儿经验的结合。本书先从理论上为年轻父母们讲解了亲子关系的内核——依恋，然后将其细化分解为更易懂且可执行的12种亲子关系力：富养力、尊重力、接纳力、信任力、放手力、共情力、情绪力、拒绝力、游戏力、独处力、真实力及幸福力。

无论年轻的抚养者对自身成长问题是否觉知，本书都可以让你在自我成长的同时完成作为父母的修行，与孩子建立高质量的亲子关系，引导孩子健康成长。

◆ 著　　　　张琳琳

　　责任编辑　姜　珊
　　责任印制　彭志环

◆ 人民邮电出版社出版发行　　北京市丰台区成寿寺路 11 号
　　邮编　100164　电子邮件　315@ptpress.com.cn
　　网址　http://www.ptpress.com.cn
　　固安县铭成印刷有限公司印刷

◆ 开本：880×1230　1/32
　　印张：7.5　　　　　　　　　　　2020 年 1 月第 1 版
　　字数：180 千字　　　　　　　　2020 年 10 月河北第 3 次印刷

定　价：55.00 元

读者服务热线：（010）81055656　印装质量热线：（010）81055316
反盗版热线：（010）81055315
广告经营许可证：京东市监广登字20170147号

各方推荐

胡慎之
关系心理学家

养育孩子是一门学问，大家对此众说纷纭。本书为年轻的父母提供了一个很好的视角，让父母在理解与提升自身的基础上再去抚育孩子。我一直提倡"育儿育己"，育儿是门学问，育己更是。

田宏杰
北京青年政治学院副教授
北京青少年研究所负责人
北京师范大学心理学博士
畅销书《不吼叫，让孩子爱上学习》作者

亲子依恋的质量决定了孩子一生的价值感和安全感。张琳琳老师的这本书既在告诉父母如何给予孩子高质量的爱，其实也在引导父母如何照顾好内在的自己，给予自己全然的爱。这是一本让父母在觉醒中遇见幸福的书。

李峥嵘
北京晚报资深编辑
亲子作家
金牌阅读推广人

作者结合心理学理论、咨询实战、个人的成长和养育经验，从 12 种亲子力入手，帮助父母和孩子建立健康的亲密关系，系统、科学、可操作，为每个家庭播下平等和尊重的种子。

李一慢
北京市首届金牌阅读推广人
亲子教育专家

在长期推广亲子阅读的过程中，我发现亲子阅读的效果与亲子关系有着重要关联。自身热爱阅读又能够以尊重、平等的姿态与孩子相处的父母，才能真正地激发孩子的阅读热情。我很高兴看到一本以提升亲子关系为主题的书，建议家长们都读一读。

林丹
悠贝亲子图书馆创始人

亲子关系对孩子的智力发展、社交等方面都有非常重要的影响。这本书将建立亲子关系的能力拆分为 12 种亲子关系力，并提供了帮助家长在实践中提升这些能力的方法，值得一看。

王娟

娟子妈妈讲故事创始人

原北京人民广播电台主持人

给小朋友讲故事的多年经验，让我越来越感受到亲子关系的重要性。家长都渴望与孩子建立亲密的关系，但经常不知道该怎么做。很高兴看到这本书能够给家长们提供科学的理论和实实在在的方法，并且结合了大量事例，通俗易懂。

李岩

第二书房创始人

成为父母没有考试，仔细想来我们的孩子在承担着成长的风险。作为对自己永远都有要求的现代人，相信很多父母都希望成为孩子与自己都能认同的足够好的抚养者。本书将心理学中重要的依恋理论运用到了育儿上，学习与掌握它们不仅对孩子的成长有所帮助，更让父母们成为更好的自己。

刘丽丽
心理学出版领域畅销书资深策划编辑

心理学研究发现，童年期的亲子关系，尤其是孩子与主要抚养者的依恋关系，对个体终身的学习能力、态度、家庭和事业等有至关重要的影响，甚至会产生代际传递。这本书是张琳琳老师结合自身专业知识、个人成长经历和 10 年的心理咨询实践写就的，有助于家长们了解如何与孩子建立安全、健康的依恋关系，这将为孩子一生的发展奠定最坚实的基础。

九尾狐美妈

本书中的 12 种亲子力，不仅仅是父母对于孩子的期望，更重要的是父母自身也要具备，当父母能够做到这些时，抚育孩子就成了水到渠成的事。

科学家庭育儿

面对家中的"捣蛋鬼""小魔王"，新手父母往往不知道要如何与他们沟通，只能懵懵懂懂地按照自己的方法去教养。我们先不说是否有效，更重要的是这些方法本身很有可能给孩子带来伤害。所以，每一位家长都需要来了解作为家长应该具备的"亲子力"。

推荐序

每一位家长都需要
学习如何建立健康的亲子关系

从事心理学研究 40 多年，我见证了儿童社会性研究在国内外研究领域和社会运用中的巨大变化，从最开始寥寥无几的研究文献到相关发表物及此领域研究人员和教育工作者的大大增加，研究界、教育界和父母们对儿童社会性技能的发展越来越重视。同时，越来越多的研究成果表明，只关注儿童的智力发育、学习成绩和工具性技能越来越不具备社会适应性，儿童的心理需求、情绪情感、社会交往、心理品质对于孩子成长的影响逐渐被人们重视。

若教育要施加影响力，最重要的前提是建立良好的亲子关系。童年时的亲子关系对孩子的自我认知、自我评价、人际关系、冲突处理、情绪管理、价值观、职业观及家庭观等方面都有着长远而深刻的影响。短期内不良的亲子关系对孩子的影响可能集中表现为儿童的某些情绪或行为问题，但最终会在他们成人后，表现为婚姻和家庭关系问题、职场发展问题以及包括与自己孩子的关系的问题。一个人并非天然具备与孩子建立亲密关系的能力，这是在不断地学习和练习中逐步建立和形成的。对于广大父母们来说，该如何着手？这本书提供了一部分答案。

本书作者张琳琳是我的学生，在攻读儿童社会性发展的研究生课程期间，她就表现出独立思考和创新的能力。在毕业后十多年的时间里，她投入到心理咨询的实际工作中，有机会和成千上万的儿童父母打交道，积累了大量有关儿童家庭教育的案例和经验，为她完成本书的写作提供了可靠的依据。

本书依托心理学关于亲子依恋的理论，落脚在育儿实践，将与儿童建立亲密关系的能力拆分为富养力、尊重力、接纳力等 12 种建立亲子关系的能力。对每一种能力，本书都从发展的视角，将儿童期的亲子关系与成年期在关系中的表现结合起来，纵向讲解和分析，并且给出了大量的咨询案例，非常真实、鲜活，最后又针对实际生活给出落地的解决方案。"发展与教育心理学硕士＋心理咨询师＋妈妈"的多重身份，赋予了张琳琳多重的思考视角，使得本书既展现了科学的儿童发展观，又分享了第一手的育儿经验和为人父母的心得。

　　日本小说家山本有三在他的小说《女人一生》里写道："女人变成母亲，是一件轻而易举的事。这种差事，是任何女人都做得了的事，但是要当好母亲可就不容易了。"不只是母亲，父亲同样如此。相信广大父母在阅读本书后都能了解与学习教育子女的一些新视角和新方法。

陈会昌

发展心理学家

心理学中有句话叫作"关系决定关系"，说的是童年时父母与孩子的关系对于孩子成年后的关系有着决定性的影响。后面这个关系包括孩子与自己及与周围世界的关系：与自己的关系指如何认识和看待自己、是否认可和接纳自己；与周围世界的关系包括亲密关系、亲子关系以及与朋友、同事、合作伙伴甚至物理环境等人及事物的关系。这种影响不是单纯表现为孩子是否喜欢父母，是否与父母亲近，而是会长远、深刻地影响孩子一生的发展与幸福。这句话在我个人、我的来访者及我的朋友们身上得到了直接的印证。

我出生于华北平原的农村，父母都是农民，靠天吃饭，每日披星戴月、起早贪黑，只为了一家人能够吃饱饭，孩子有学上。

生存的艰难，再加上个性脾气、处事方式、价值观的巨大差异，父母的婚姻在我眼中一度是个悲剧。三天大吵，两天小吵，基本上每次吵架都会动手，闹得邻里皆知。在这样的状况下，父母对我和弟弟的感受、情绪、心理需求无暇顾及，并且他们也没有这方面的意识，毕竟让我们吃饱穿暖已经用尽了他们的全部力气。作为家中长女，加上个性敏感多思，我对于父母的教养方式所带来的影响的感受更为强烈。

我从小学习成绩很好，但母亲怕我骄傲，从不夸我。我做得再好也得不到认可，做不好就会被训斥，甚至被羞辱。考完试后父母问我考得怎么样，若我说考得挺好的，他们就会说："没有自知之明，这么笨，还觉得自己挺能耐的。"这种打击和斥责我的方式一直贯穿在我人生的前 17 年。母亲一直告诉我，你要记住，你不如别人，你得一直向别人学习。理性上我知道她可能是为我好，但是在情感上我却觉得自己不被接纳，也觉得自己不如别人，在很多年的时间里，接纳自我、克服自卑一直是我的成长主题。

原本我性格比较活泼，在学校遇到什么事情都会回家对父母讲，他们却为此训斥我，认为我管闲事、操闲心，不好好学习。如果我与同学发生冲突，父母认为"一个巴掌拍不响"，我肯定也有问题，就会训斥我惹是生非。小学时我曾经受到同学一年多的霸凌、欺负，却不敢把这些事告诉父母，因为我知道告诉他们也没用，还会让他们觉得这是我的错。另外，若父母心气不顺，他们可能会随时骂我、吼我、打我。

在成长的过程中，我一直感受不到爱和支持，只有无穷无尽的忽视、指责甚至羞辱。父母作为最亲的人，尚且不关心我，相信我，理解我，其他人又怎么会好好待我呢？我那时认为，或许这些痛苦与烦恼真的是因为我不好，不值得别人对我好，我想什么、需要什么或许根本没人在意。遇到事情时我习惯了自己扛，孤单、无助和自卑曾经是我人生的底色。

之后，我读了7年的心理学专业，做自我剖析、认识和探索自己，从个人角度、从家庭角度、从整个家族的角度去看待我的成长过程。我能够看到我个性里的倔强、自尊心强、非常敏感、易怒、自卑、害怕与他人建立亲密关系、厌恶家庭和婚姻的种种，这些都与我的原生家庭有着非常紧密的关系。在我借助心理学修复了自己内在的创伤，一步步成长起来后，我深深地为父母、我自己及弟弟感到遗憾和悲哀。父母并非故意这样对待我和弟弟，他们从内心是爱我们的，否则不会拼尽全力，节衣缩食，以微薄的收入养育我们，供我们读完大学本科与研究生课程。但是他们有自己的局限，不懂怎么去爱，怎么去表达关心，因为他们周围的人似乎都是这么教育孩子的，他们也是这样长大的，所以他们并不觉得这样养育孩子有什么问题。

我本以为这是我的父母没有受过高等教育、视野狭隘、见识有限的缘故。但是在学习心理学、从事心理咨询和培训的实践中，我接触到大量的成年来访者，他们带着困惑和创伤而来，其中不乏受过良好教育、在事业或学术成就上发展顺利的人，外在的成就却填补不了他们内心的空虚与痛苦。当我们一起探索他们的成长过程与他们关心的人生议题时，会看到成年之后的他们沿袭了父母对待和评价他们的方式，在家庭中与配偶或子女的相处模式复制了上一代人养育孩子的方式，在职业发展中的挫败与他们对自己的看法有着紧密的关系。同时，我也接触到大量的家长和孩子，尤其是在我成为母亲，并且能够站在孩子的角度去看待家长的言行时，我发现，时代在变化，每个人都在努力追求成长，但是作为父母，很多人在观念上仍然没有太大的进步，即便是一些接受过良好教育的人，他们可能在事业上很成功，但是在与孩子相处的过程中，普遍有着不尊重孩子、不信任孩子、不知道如何与孩子沟通、不了解孩子的成长规律而一味按照自己的想法教育孩子甚至逼迫孩子成长的行为。有一些年轻父母已经意识到自己在成长过程中的问题，但是对于如何与孩子相处却仍不知从何处下手。

这么说，并不是要将所有的问题都归咎于父母。父母有其自身的局限，我们把问题归咎于父母，找到一个情绪的发泄口，并不能够解决我们的问题。我们要看到，童年藏着一个人成长的所有秘密。童年时我们与父母的相处方式、相处质量对于一个孩子的影响是持久与深刻的。

著名发展心理学家约翰·鲍尔比（John Bowlby）认为，婴儿与主要抚养者（一般指母亲）在照顾与被照顾的互动中会建立起强烈的情感联系，这被称为依恋关系。与父母建立了亲密而安全的依恋关系的孩子，能够信任父母，愿意与父母沟通。父母能够尊重、理解和接纳孩子，就能够帮助孩子建立起积极的自我认知方式。这些孩子深信自己是被爱着的，是值得爱的，同时，他们也信任和爱着父母及这个世界，因为父母代表了他们最初所接触到的世界。

被深爱着长大的孩子往往会自信、有底气，他们也会遭遇伤害、背叛，但不会因此怀疑自己的价值，他们有更强的适应能力和心理弹性面对痛苦。这样的孩子往往对别人、对这个世界都充满善意，满怀信心，内心有爱。他们不会因这种善意就对人性无知或盲目乐观，而是因为被爱充分滋养过，对人对事的态度更加从容和淡定。无论他们未来从事什么工作，选择哪一种人生道路，这样的孩子往往都自带温暖和有力量的气场，吸引与自己同频道的人，更容易体验到快乐和幸福。

　　而说到学业成绩的问题，在当下充斥着育儿焦虑的年代，父母们都不想让自己的孩子输在起跑线上，于是将很多注意力放在了孩子的知识学习和技能提升上面。似乎逼孩子越紧，越能体现出对他们的爱。其实心理学的研究表明，事实恰恰相反，当我们给予孩子真正的理解和爱，与孩子建立起健康的亲密关系时，因为不被强迫，不被苛责，孩子反而保留了自己对于外界的兴趣和好奇心，保留了学习的天性，反而更能够做好当下的任务。这有点像练功，我们希望孩子练就绝世神功，让孩子学习各个门派的本领，这些固然能够在一定程度上帮助他们，但没有深厚的内功，他们就很难练就真正的本领，甚至因为过于专注十八般武艺的学习而内功不足，最后走火入魔。在这里，内功就是父母与孩子之间的亲密关系。

　　现在是网络时代，年轻的父母们可以找到各种工具和途径来学习如何照料孩子的基本生活，但是对于如何与孩子沟通、陪伴孩子、与孩子玩耍，该如何教导孩子表达和处理情绪，如何与孩子建立亲密关系，如何培养孩子良好的心理品质，却少有科学、系统和完善的内容可供参考。

　　我毕业于北京师范大学心理学院，研究生阶段的主攻方向就是发展与教育心理学，深入学习了儿童的成长发展规律。我的导师陈会昌教授是国内第一位做儿童长期追踪研究的心理学学者。

陈老师倡导的儿童教育领域的两颗种子"平等"和"尊重"早已扎根在我心里，在我成为一个母亲之后，这两颗种子慢慢发芽、长大。在从事心理咨询的实践中，我又得以从成人的角度回溯家庭、父母对于一个人成长发展的影响。除发展与教育心理学领域的专业著作外，我研读了大量与儿童教育相关的作品，这些作品多是从教育教养技巧的角度出发，极少有专门探讨如何帮助父母与孩子建立亲密关系的作品。于是，我将发展与教育心理学的基础理论，自己的受训和实践经历，以及我作为一个孩子对自身成长过程和作为一个母亲养育孩子的一些心得结合起来，写了这本书。

在本书中，我从发展的角度描述了童年时认知方式和行为模式对人们成年后各方面的影响，又从回溯的角度，发现成年后的婚姻家庭关系、职场关系、与自我的关系问题其实早已在童年时与父母的相处中埋下伏笔，并将建立依恋关系的能力拆分为12种亲子关系力。

本书共两篇18章，第一篇6章依托生活中的实际案例，详细介绍了依恋关系对于孩子可能造成的影响，相信很多父母可能会从中看到自己的影子，包括我自己。第二篇12章则分别介绍了12种亲子关系力：富养力、尊重力、接纳力、信任力、放手力、共情力、情绪力、拒绝力、游戏力、独处力、真实力以及幸福力。每一章都先从案例的角度切入，介绍这一亲子关系力的实际影响，再从父母自身和抚育孩子的角度提供具有可操作性的方法。希望能够对读者有所帮助。

另外，要特别说明的是，本书所谈及的个案均已隐去个人信息，并就本书的引用已征得当事人的同意，不涉及职业伦理问题。

囿于本人的能力和阅历，该书不免稚嫩和粗糙，不足之处请读者见谅，也欢迎大家来信告知意见和建议。

目　录

引　言

关系决定关系，
童年期的关系决定了成年后的关系

现代社会，人们对亲子关系越来越重视。作为心理咨询师，在十多年的受训和实践经历里，我接触了很多不同类型的家庭，对很多亲子关系的形态及其影响有着非常深刻的印象。亲子关系的重要性到底如何呢？我想先跟大家分享以下两个案例。

在第一个案例中，女孩 CC 在职场上特别容易紧张与焦虑，面对领导的批评或者同事的不同意见，她常会觉得自己特别有压力，为此也总是心神不宁。她在一家公司工作了十年，还只是一个小组长。一方面，她特别努力，几乎将所有的时间都花在工作上；另一方面，她从不敢反驳领导，也不敢对组员提要求、不敢布置任务，因为她害怕冲突，冲突会使她整个人陷入一种"我很差劲，我真没用，别人肯定特别看不起我"的想法里，情绪低落。

咨询过程中，我发现她的讨好倾向特别明显，她非常在意别人对她的看法。工作时，她并不真正关心一件工作要如何完成，而是关心如何让领导和同事对她有好的看法，所以她在工作中的关注点和工作方式与工作本身是偏离的。并且，一旦遭遇批评和冲突，就会将此归因为自己没有能力、没有价值。她表现得很乖、顺从，掩饰着内心的不认同，但无论自己再怎么难受、疲惫，也不敢表达自己的诉求，内心很痛苦、很纠结。她的婚姻也有类似的情况，她渴望先生关注她，只要她的先生没有主动关心她，让着她，或者只是发生了一个小冲突，她的内心也会将其无限放大，觉得肯定是因为自己不好，对方才不把她放在心上，非常生气和痛苦。

　　随着咨询的深入我发现，她的困境与她从小的成长环境和生活经历有直接关系。一方面，在 CC 的成长过程中，她的母亲以打骂的方式教育她，调皮捣蛋、顶嘴、成绩不好要打骂，做得好时也没有任何鼓励和肯定。**我们每个人对自己的评价和了解最初都是他人提供的，从他人的评价发展出对自己的评价。**但 CC 从小在学习、生活中得不到正面、客观与正确的评价，她无从知道自己是一个什么样的人，更看不到自己的优点和价值，这导致别人一旦与她有不同的意见，她就会认为是自己不好，自己无用。另一方面，CC 的父母关系不好，母亲的情绪很不稳定，经常会突然脾气爆发，不知道什么时候心气不顺了，就会冲着她大吼一顿或者打她一顿。为了不被打骂，她会尽可能地安静、听话、不惹事、讨好父母，她的想法是："我要乖，我要听话，只有让别人高兴，注意不到我，我才能日子好过一点。"

　　这种讨好的倾向最初只是一种在原生家庭里的生存策略，却慢慢成了她习惯化的思维方式和行为模式，在她长大后仍影响着她在交友、恋爱、职业上的发展，导致了她现在的状态。

她结婚很多年了，想生宝宝却不敢要。她说："我自己都一团糟，我怎么可以做妈妈？难道要养一个我这样的孩子，让他成年之后继续痛苦吗？"

第二个案例是关于一个男孩小楠的。最开始来找我的是小楠的母亲，她说，儿子小楠学习上没有耐性，专注力不好，而且有暴力倾向，经常会很大力地推她，并说很多威胁甚至辱骂她的话。后来他们全家来做家庭治疗，我以为自己会看到一个熊孩子，没有想到小楠其实是一个特别有礼貌、特别懂事的小绅士。在当地一所重点初中读书，成绩也很好。在咨询过程中，这个三口之家的互动模式慢慢呈现出来。这个家庭中夫妻很疏离，不亲密，丈夫很忙，总是游离在这个家之外，对于孩子的教育参与不进去，对妻子也关注比较少。这个妈妈很失落，就把在亲密关系中对先生的期待转移到了与儿子的相处之中，对孩子的各方面都非常关注，事无巨细，都要管，都要操心。

这个妈妈本身就是一个特别努力上进的人，她工作后自学专升本，又读在职研究生，找到了一份很好的工作，才冲破重重阻力跟家境优渥、书香门第的老公结了婚，"彻底改变了人生的命运"。由于自身的经历，她认为学习是改变命运的重要途径，没有高学历、考不上好学校、找不到好工作就会被人看不起，所以她对儿子的学习把控得很严。情感上的过度关注、学习上的高压控制，让孩子喘不过气，孩子也没有任何学习之外的社交、娱乐。

　　在咨询过程中，我了解了她的成长环境，她父母对待她的方式与她对待孩子的方式是类似的，就是辱骂、威胁和激发孩子的内疚感。例如，她会对儿子说："你不好好学习，考不上重点高中，考不上北大，你就毁了，没人看得起你！""我为了你，牺牲了自己的事业，你要不成才，我这辈子也毁了，我也活不下去了！"巨大的压力和愧疚感让刚刚进入青春期的儿子不堪负荷，会用伤害自己和伤害她的方式来反抗。这个家中的每个人都很痛苦，看似平静的家庭已经处在分崩离析的边缘。

在这两个案例中，第一个个案现在 30 多岁，但她曾是一个孩子，孩提时代的成长方式继续影响着她的事业、家庭、社交，让她痛苦不堪；第二个现在还是个孩子，但因为母亲的成长经历，母亲和父亲的关系，这个家庭的氛围所带来的困扰，使这个孩子出现了情绪和行为问题。

不知道大家看这两个案例时会有什么感受？我相信大部分父母都很爱自己的孩子，尤其对妈妈来说，只要能够让子女幸福、快乐、成才，付出什么代价都愿意，时间、精力、金钱，甚至牺牲自己的职业发展、个人健康都毫无怨言。但是，如果没有把握好方向，没有掌握对的理念和方法，就像上面提到的案例，可能所有的努力都会白费，不但对孩子无用，甚至会给孩子带来痛苦和阻碍。

我日常接触的个案会涉及与领导的关系处理不好，与同事很难沟通，与老公不亲密、遭遇外遇出轨，或者孩子的问题（包括各种情绪、行为和性的问题）。在对这些个案进行梳理与分析的过程中，我发现，来访者遇到的问题看起来差异很大，但在本质上，有很多东西是相似的，其中最普遍的一个就是与自己的关系问题，即如何看待自己，如何定义自己，涉及的就是自身的价值感和存在感。

如果一个个体对自己是接纳的，是自信和平和的，对这个世界也会有更多的善意，在人际互动中也会接收到更多正向的反馈和联结；而与之相反，如果一个个体对自己是不接纳的，对周围世界充满敌意，那么在人际关系中可能会以更加防御的姿态出现，跟自己和他人的关系也会是纠结或扭曲的，甚至是矛盾重重的。

我曾在前言中提及，著名发展心理学家约翰·鲍尔比认为，婴儿与主要抚养者在照顾与被照顾的互动中会建立起强烈的情感联系，这被称为依恋关系。依恋关系可分为安全依恋和不安全的依恋，不安全依恋又可分为矛盾型依恋、回避型依恋和混乱型依恋。在建立依恋关系的过程中，个体也在逐步建立对自己和世界的认知评价方式，在心理学上这被称为内部工作模式。不同的依恋方式会产生不同的内部工作模式。

安全依恋的个体建立的内部工作模式较为积极，这类孩子往往会认为自己可爱、值得被爱、自己有能力，认为周围的人和环境可靠、值得信任、值得去爱，对自己和他人的评价较高、较积极，能够放心大胆地开展探索性的活动，较快地适应环境，敏感地觉察到周围人的需求，这反过来又会帮助孩子建立更好的环境，增强对自我的积极感受。

而对于不安全依恋的个体来说，这类孩子往往会认为自己不可爱、不值得被爱且无能，认为外界环境不可靠、无法预测、无法信任，对自己和他人的评价较低、更为消极，常带着敌意和恐惧与周围的环境互动，无法很好地适应环境、迎接挑战，而且这会导致个体产生更多的消极的自我评价。在这种恶性循环中，个体往往会以充满敌意或者冷淡疏远的姿态与周围的环境相处，从而引发一系列的问题。

所以依恋关系影响的不只是两代人之间的相处沟通状态，更关系到一个孩子看待自己和这个世界的方式和视角，而这又会对孩子长大成人后的人生道路产生长远和深刻的影响。接下来的第一篇内容主要从关系处理、职业选择、自信心和自尊水平以及与下一代的关系等方面讨论亲子依恋关系对孩子成长的影响。

第一篇

依恋与亲子关系

第 1 章

我们作为父母的亲密关系状态
塑造了孩子关于亲密关系的信念

- 我们对亲密关系的看法，如何影响孩子对亲密关系的看法？
- 我们的婚姻状态，会给孩子的亲密关系带来什么影响？

我先跟大家分享一个案例。

女孩明月有过一次短暂的婚姻。现在她有一个男朋友，两个人感情不错，但对方介意她离过婚这件事，只想与她谈恋爱，不愿意与她结婚，在与她恋爱的时候也在寻找其他的选择，与其他女孩暧昧相处。男友的这种行为让她很痛苦，她说："他每次提分手我都要痛苦很久，但每当他没事人似的来找我时，我又忍不住同意复合，我不喜欢这样做，但又不知道该怎么办，我就是离不开他。"

很多朋友了解这种情况后，可能会劝明月"天涯何处无芳草"，让她尽快与这个男人分手，或者痛骂这个男人是"渣男"，痛骂"男人没一个好东西"；也可能会说："可怜之人必有可恨之处，这个姑娘也太没骨气了。"对于这些，明月不是不懂，她对自己的心态也分析得非常透彻，但为什么还是无法处理好这个问题呢？这个问题又该怎么解决呢？

随着咨询的深入，问题背后的信息慢慢浮现出来。明月的父母在她初中的时候就已离异，父亲常年离家做生意，与母亲聚少离多，在外也有好几个情人。母亲其实从一开始就知道这个情况，但是始终坚持不离婚，她认为只要男人把钱交回家，其他事都不重要。就这么过了十几年，直到父亲与一个情人因为有了孩子而坚持要离婚，母亲才不得不离。

在明月与其前夫的关系中，前夫也是在外打工出轨，她那时候并不想离婚。后来离婚也并不是因为出轨这件事，而是明月认为前夫好吃懒做，未来没有任何前途可言。对她来说，"男人出轨、有外遇并不是不可容忍的事情，拿钱回来就可以"。我们或许可以看到，这种观念延续了明月原生家庭中母亲对父亲出轨的忍耐和宽容。

在与现任男友的关系中，这个模式依然在发挥作用。在情感上她并不能接受男友的不忠，依然很痛苦，但是从小接触到的那种对另一半出轨的接受和忍耐模式已在她的头脑里根深蒂固，造成了她在感受上和认知上有着强烈的冲突，也就是头脑告诉她"没关系"，但是真实的感受却诉说着"痛苦，无法接受"。

另外，虽然她从小到大几乎都没与父亲有过多少交流，但是在亲朋好友的口中，父亲很能干、很会赚钱，是一个重义气、有上进心的人。这使她的内心对

> 父亲并没有批判，而是认同且渴望的。她长大后碰到在事业上优秀、上进的男性的关爱时就容易无法自拔。更何况，男友的频繁出轨，也是父亲某一种特质的再现，对这个男人的迷恋，其实也是对她小时候缺乏父爱的一种补偿，这也是为什么她那么爱现在这个男朋友的原因，因为这个男朋友"跟爸爸很像"。

我们再回到最开始的两个问题上：

◇　我们对亲密关系的看法，如何影响孩子对亲密关系的看法？

◇　我们的婚姻状态，会给孩子的亲密关系带来什么影响？

相信对这两个问题，大家已经有了直观的感受。在这个案例中，明月母亲在婚姻关系中的行为深刻地影响了女儿的恋爱观与婚姻观，让明月觉得："我的需求不重要，我不应该计较男友的出轨。"明月在这段关系中即便再痛苦，也会去忍耐。母亲和父亲的婚姻状态，在明月和前夫的婚姻中被复制。如果不是因为她对前夫不上进的状态不太满意，她和前夫的婚姻可能会继续维持，直到有一天被迫离婚。而现在她与现任男友的关系再次面临复制这种模式的可能性。

上一代人的亲密关系模式被下一代人继承和复制的情况，不仅体现在明月身上，也体现在一些有家暴问题的家庭中。例如，当母亲作为被家暴的对象，无力反抗，只能选择忍耐和接受时，传递给孩子的信息可能就是对暴力的认同或无能为力。这就是为什么很多家庭中的孩子虽然对家暴行为无比痛恨，但最终女孩仍可能嫁给一个有暴力倾向的人，男孩则可能成为一个家暴的实施者。因为这是**他们从原生家庭和父母身上所学到的对于亲密关系的看法和处理方式。**

关系决定关系。父母对关系的看法不一定会直接通过语言传达，而是会潜移默化地影响孩子。就像家里播放的音乐，可能是父母喜欢的，不是刻意为孩子选择和提供的，但孩子会在长期倾听这类音乐的过程中进行内隐学习，并且在特定的时机表现出影响，例如，对音乐敏感、喜欢同类型的音乐或者听到类似的音乐时会唤起某些回忆。作为父母，我们要形成对亲密关系健康和有益的看法，只有父母自身能够建立起好的亲密关系，孩子才更有可能去拥有幸福和美好的亲密关系和婚恋状态。

反过来，孩子则很难建立健康的亲密关系，因为父母和家庭是孩子最早也是最重要的学习渠道。这并不是说，在父母关系不好或者婚姻破裂的家庭中，孩子未来的恋爱和婚姻就一定不幸福。只是对于有这种成长背景的孩子来说，只有在他们有机会接触到更多样化的交往模式、看到更多的家庭和关系形态及可能性，再加上自己有意识地觉察、思考和改变的情况下，他们才可能打破其固有的观念，才有能力建立健康的亲密关系。

以我个人作为例子来说。我的父母一直感情不睦，整日争吵，他们原本应该是最亲近的人却总以丑陋的面貌相对，不断地伤害彼此。对于敏感多思的我来说，这种家庭氛围曾经给我造成过很大的困扰和痛苦，我一度以为所有人的家庭或感情状况都是如此。

但高中时的一次家庭聚餐改变了我的想法，那天我在小姨家吃饭，小姨夫夹了一筷子菜打算放到小姨碗里，小姨开玩笑似地张开嘴，小姨夫一边笑，一边用听似嗔怪实则疼爱的语气说："这么大人了，还撒娇！"最后还是将菜喂到了小姨嘴里。而当我看到小姨夫给小姨喂了一筷子菜时，两个妹妹仍在正常吃饭，毫无惊奇或不适应，所以这应该是他们家庭的常态。我对此很震惊，努力克制自己不要流泪。我为自己的父母感到非常难过的同时，也看到了家庭婚姻的另一种形态。我第一次知道，原来夫妻之间可以这样亲密地表达关心，原来表达关爱不是丢人的事情，原来不是所有的夫妻都像我父母那样相互伤害。从那之后我就告诉自己，以后我自己的家庭一定不能像我的原生家庭一样。

　　这使我获得了突破原生家庭婚姻模式的可能性，但是从小对于亲密关系的恐惧和无力对我的影响很深，我对经营亲密关系也没什么信心。我一直在寻找方法，试图解决这些问题。在心理学的学习和实践中，我借助心理学的知识和方法进行个人分析，修复个人创伤；借助家庭治疗的理念和方式，做原生家庭成员的访谈，改善自己与父母的沟通方式；通过建立家庭边界让父母去解决他们彼此间的问题。

　　在与先生恋爱时，我们花了很多时间和精力讨论各自的成长过程，借助心理学的原则设立夫妻之间的规则，例如，我将夫妻关系摆在第一位，与父母的关系不能大于夫妻关系；夫妻之间设立边界，要亲密也要尊重彼此的边界，允许表达情绪，但应采取尽量冷静而不情绪化的表达方式。我与先生的亲密关系状态达到了我理想中的状态。但即便如此，当我特别生气的时候，我还是会忍不住用争吵的方式去处理，大声地吼、说难听伤人的话，等等，这就是原生家庭中的消极影响没有得到彻底的修复。这一点也表明了，父母的亲密关系模式对孩子的影响力既深刻又长远。

　　夫妻之间关系破裂、没了感情硬要凑在一起，以所谓"为孩子好"的名义维持貌合神离的婚姻，这种婚姻状态不仅不会成全这所谓的名义，反而会传递出一种恶劣的婚姻观，也会让孩子搞不清婚姻与家庭中各成员间的边界。

　　我想强调的是，从为人父母的角度，如果我们能够看到自身的亲密关系对孩子的影响，能够有意识地经营好家庭关系，妥善处理好夫妻关系，那么我们就是在向孩子传递对于婚姻家庭的良好观念，在教导他正确处理冲突的方式，进而才能对孩子未来的恋爱与婚姻状态产生积极的影响。

本章小结

1. 婴儿与主要抚养者（一般指母亲）在照顾与被照顾的互动中会建立起强烈的情感联系，被称为依恋关系。依恋关系可分为安全依恋和不安全的依恋，不安全依恋又可分为矛盾型依恋、回避型依恋和混乱型依恋。在建立依恋关系的过程中，个体也在逐步建立对自己和世界的认知评价方式，这在心理学上被称为内部工作模式。不同的依恋方式会产生不同的内部工作模式。

2. 关系决定关系。父母对关系的看法不一定会直接通过语言传达，而是会潜移默化地影响孩子。就像家里播放的音乐，可能是父母喜欢的，不是刻意为孩子选择和提供的，但孩子会在这种持续的熏陶中进行内隐学习，并在特定的时机表现出影响，例如，对音乐敏感，喜欢同类型的音乐，或者听到类似的音乐时会唤起某些回忆。

第 2 章

我们与原生家庭的关系影响了我们与孩子的关系

- 我们与父母的关系，如何影响我们和下一代的关系？
- 我们对父母角色的看法，如何影响孩子对我们的看法？

经常有妈妈告诉我，自己很爱孩子，却不知道怎么爱。例如，有些妈妈心情好的时候，会对孩子特别温柔、特别体贴，恨不得把心掏出来，但是心情不好尤其是生气时却无法自控，会对孩子发脾气，甚至痛打孩子。打骂之后又会后悔，哭着抱着孩子说对不起，但下一次又会继续。还有一些妈妈，对孩子很强势，要求非常严格，要求孩子按照自己规划的人生路线去上学、工作、结婚，但孩子却不愿意按照母亲设计的方式过自己的人生，两代人之间常发生严重的冲突，一方觉得："我是为你好，你怎么不识好歹？"另一方则认为："不要再对我的人生指手画脚了，那是你想要的，不是我想要的。"

> 我有一个朋友，她妈妈很爱她，从小到大为她付出了很多，但是她妈妈也经常对她唠叨和情感绑架，尤其是在她不听话的时候或成绩不好的时候，她妈妈会说："我为你付出了那么多，你不好好学习，你对得起我吗？"然后述说自己多么辛苦，整天累死累活，家里人还不领情。在夫妻吵架后，她妈妈会向她倾诉，说她爸爸多么不体谅人，无能没本事，又说自己多么不幸，嫁到这样的家庭，婆家无人疼惜她，等等。我的这个朋友在小小年纪时就承受了很多来自父母关系的压力，一直过得非常压抑。她说："以后我当了妈妈，绝对不会像我妈那么烦人，自己的事情自己解决，绝不会把压力强加给孩子。"
>
> 可是等她成了母亲，她发现自己也会经常唠叨孩子，用让孩子内疚的方式督促其学习，并且希望孩子

表现得乖一点儿。有一次与另一半吵架后，她把气撒到孩子身上，"我为了这个家累死累活，怎么一个个都不领情？"说完之后，她惊呆了，这不就是她妈妈经常对她说的话吗？她如此反感这种来自亲人的情感绑架，却在无意识中将这种方式继承了下来。

她对我说："我当时真忍不住大哭。我讨厌我妈这样对待我，好像她的不幸都是我造成的，其实这些不幸跟我又有什么关系，我不需要为她的人生负责。但是现在我却像我妈对我一样对待我的孩子，一想到她可能会像我小时候那么痛苦压抑，我就觉得特别对不起她。我真恨我自己。"

好在，我这个朋友对自己的行为有所觉察和反思，这就有了后续改善的可能性。不幸的是，**很多父母对自己的教育方式并不自知，从不认为自己有问题。**

在游乐场里，我曾看到一个爸爸打自己的儿子，因为 3 岁的儿子为了抢一个玩具推打了其他的小朋友。这个爸爸一边打儿子，一边说："你再打别人，我就揍死你！"这种处理方式是不是很荒谬？这个 3 岁的孩子要怎么理解父亲的这种行为呢？"不让我打别人，但是爸爸却打我，打人到底是对还是不对呢？"对一个 3 岁的孩子来说，爸爸的威胁会管用，他当时不敢打人了，但这只是慑于爸爸的强大，因为被打很疼，但他也真实体验与感受到了打人的震慑力和效果。如果这个父亲继续以这种方式对待自己的儿子，那么儿子在长大后能反击时可能会以这样的方式"回敬"父亲，也可能会用这种方式对待别人，比如，用此方式对待自己的孩子。因为这"很管用"，而且他也没有学习过如何正确表达需求或应对冲突。

我在引言中提到的个案 CC，当她鼓起勇气找机会问她妈妈为什么小时候总是打骂她时，她妈妈很诧异，显然对此并没有什么印象了，然后又说："就算是打你骂你又怎么了？不骂你，你怎么成材，教育孩子不都是这样吗？"她试着与妈妈沟通："你可以试试别的方式啊，不是只有这一种方式吧？好好跟我说，我会听的。"她妈妈就说："哪有什么别的方式，我就是因为这样做，才把你养得这么好，这么顺，孩子不打不成器，管用。"CC 听了之后又委屈又生气，她对我倾诉："我不敢要孩子，我不愿意像我妈对我那样对我的孩子，但是我也不知道该怎么教孩子，因为我好像就只会我妈的方式。"

那个因为儿子打人而去打儿子的爸爸并没有意识到自己的教育方法有问题，CC 的妈妈也并没有觉得以打骂的方式教育孩子有什么不对。因为这些父母根深蒂固地认为这就是对待孩子的正确方式，可能他们也是被自己的父母这样对待的。

有些已成为父母的人可能意识到了小时候父母对待自己的方式是不对的，但是又不知道该怎么办，或者没有足够的意愿和动力学习好的、健康的与家庭成员及孩子互动的方式，因为改变不容易，走出舒适区不容易，所以很多人不愿意改变，不愿意打破固有的模式，或者初步尝试发现受挫后索性不再尝试了。这就导致**上一代具有破坏性的家庭关系和互动模式被传递给下一代。如果下一代依然无所觉知，就会继续这样对待自己的孩子，这就是原生家庭模式的代际传递。**

从各种案例中可以看出，我们与父母的关系，会直接影响我们与孩子的关系。而我们对自己父母的看法和感受，可能就代表了孩子对我们的看法和感受，因为一个人对待自己孩子的方式，能够反映出父母对待自己的方式。

作为父母，我们为孩子塑造的原生家庭是孩子成长的起点。孩子成长的前提是父母自身的成长，所以我们需要修复自身的创伤，终结自己原生家庭的噩梦，打破不良模式的恶性循环。就像 CC，她看到了自己在成长过程中的问题，寻求专业人士帮助自己，修复原生家庭带给自己的伤害，努力成长找回力量，并学习新的与他人相处的方式，只有这样她才有可能在未来与自己的孩子建立健康的亲子关系。

本章小结

1. 很多父母对自己的教育方式并不自知，从不认为自己有什么问题。

2. 上一代具有破坏性的家庭关系和互动模式被传递给下一代。如果下一代依然无所觉知，就会继续这样对待自己的孩子，这就是原生家庭模式的代际传递。

3. 作为父母，我们就是孩子的原生家庭，是孩子成长的起点。孩子成长的前提是父母自身的成长，所以我们需要修复自身的创伤，终结自己原生家庭的噩梦，打破不良模式的恶性循环。

第 3 章

学会情绪管理，为孩子提供和谐安全的家庭氛围

● 情绪为什么这么重要？

● 情绪管理会给孩子和整个家庭的"气压"带来哪些影响？

情绪的影响有多大？我举一个重庆公交车坠车事件来说明，大家就明白了。

前一阵子，在重庆万州区一辆公交车上，有一个乘客坐过站，要中途下车，但是因没有到站，司机未停，这个乘客就非常生气，

于是去打司机，司机在本能之下还手，结果导致公交车失控坠桥掉进了长江。这个乘客不能控制自己的情绪，在盛怒之下打了司机，代价不仅是自己的生命，还有其他 14 个人的生命。大家也可能听说过有父母在盛怒之下暴打孩子导致孩子残疾或死亡的事。

大部分父母对待孩子并没有这么极端，但有些父母也存在情绪不稳定、乱发脾气、随意呵斥与打骂孩子，不理解、不重视孩子情绪的情况。父母情绪管理不当可能会导致孩子性格偏激或不完善、不敢面对冲突和表达需求、低自尊或自我评价过低，这些孩子在成年后也会在工作、人际关系、婚姻恋爱关系等方面出现问题，严重者甚至患上了神经症或其他心理疾病。

情绪发作时有三个特点：**爆发性**、**非理性**和**传染性**。

爆发性：情绪在出现后会急剧累积，迅速达到波峰，之后才会下落。很多争吵、打架斗殴或攻击性的语言和行为都是在情绪处于高峰时发生的。

非理性：人一旦陷入情绪中，理性思维就会自动减弱甚至消失，人情绪化时，说话、行为甚至想法都是很不理性的，容易造成对自己和他人的伤害。

传染性：情绪会像病毒一样传染，一个人的情绪会影响到其他人，也容易受到其他人的影响。心理学中有一个专有名词"踢猫效应"，就是用来形容情绪传染性的，这个效应原本说的是爸爸下班回家，因为受到上司的批评而气不顺，所以就骂了自己的妻子，妻子生气冲着孩子吼了几句，孩子心里憋闷，一脚踢在了猫身上，这就是踢猫效应，说的就是情绪一步步传染的过程。

在重庆公交坠桥案及众多生活事件里，我们都能够看到情绪这三个方面的特点对人的影响。情绪管理能力已经成为评价一个人综合素质最重要的标准之一。

还记得前面提到的经常与妈妈发生肢体冲突的男孩小楠吗？在咨询中，当他们重现在家里的对话方式时我发现，这个妈妈真的很"擅长"激怒孩子，5 分钟之内就能让这个原本平静的孩子进入暴怒的情绪之中，产生攻击行为。例如，孩子在周末时想休息一会儿，打一个小时游戏，妈妈就会说："你还有脸打游戏？你这么大人了，还管不住自己，以后能有什么出息！"孩子表达不满，她会把家里的游戏机当着孩子的面砸碎；当孩子一次考试没考好时，她会拿鞭子抽孩子，一边哭，一边说："以后还敢不敢看电视打游戏了，以后能不能考好？"孩子在小时候会又害怕又内疚，会用头撞墙、用手打自己耳光，但到了青春期有力气了，妈妈再打他时，他就开始还手。

在这个案例中，妈妈的情绪直接影响了孩子的情绪和行为，如果这个孩子只能用这种发脾气和肢体回击的方式应对现在及未来遇到的人和事，那么他就容易变得情绪暴躁、有很强的攻击性。

在后期的咨询中，我帮助这个妈妈做了很多个人分析，给了很多成长建议。当她看到自己的焦虑，并且看到自己是怎么将焦虑投射到孩子身上时，她开始试着将关注点放在管理自己的情绪上。通过主动地与另一半沟通，积极解决夫妻两个人之间的问题而改善了夫妻关系，因为情感需求在夫妻之间得以满足，她的焦虑感极大地下降，开心了很多，心态变得平和、情绪变得稳定。

当她明白了自己与孩子之间也要建立适度的边界，尊重彼此的边界时，父亲不再被排斥在母子关系之外，而是有机会参与到沟通之中。她不再拼命地逼迫孩子，而是心平气和地与孩子沟通，试着理解孩子的需求。孩子慢慢地愿意与她说话，逐渐开始信任她，母子间的交流变得顺畅了很多。母子的情绪都变得比之前稳定，沟通从暴力的肢体表达转变成平和亲密的语言互动，整个家庭的氛围改善了很多。

在家庭中，父母的情绪管理对孩子会产生直接的影响。父母情绪稳定平和，能够很好地面对和处理冲突，那么这个家的氛围就会比较融洽和愉悦，这就为孩子提供了好的成长环境。孩子的情绪可以被看到，可以表达，并且孩子能够从家庭中学会如何进行情绪管理。

　　父母不能很好地面对和管理情绪，这个家就会比较压抑。家庭成员间容易产生矛盾，这件事会影响家庭的稳定与和谐。在这样的家庭中，孩子的情绪就不容易被接纳，也很难学会正确和健康地表达与控制自己的情绪。最重要的是，情绪管理不当，影响的是两代人的亲子关系质量，并且会最终影响到孩子对自己、对他人的认知方式，即我们前面提到的内部工作模式。

本章小结

1. 情绪发作时有三个特点：爆发性、非理性和传染性。

2. 在家庭中，父母的情绪管理对孩子会产生直接影响。父母情绪稳定、平和，能够很好地面对和处理冲突，那么这个家的氛围就会比较融洽和愉悦，这就为孩子提供了健康的成长环境。孩子的情绪可以被看到，可以表达，并且孩子能够从原生家庭中学会如何进行情绪管理。

第 4 章

学会正确地评价自己，让孩子拥有广阔的职业前景

- 我们看待和评价自己的方式，会对自身职业发展产生哪些影响？

- 我们看待和评价自己的方式，又会如何影响孩子的职业发展？

曾 经有一位工作了六年的男士，他苦恼于工作几年之后，与他同一批进单位的人早已走上经理

的岗位，甚至有的人已经当上总监，只有他还与新入职的员工同一级别，其实领导和同事很看好他，认为以他的能力当总监并没有问题。但每次竞聘时，他不是因为堵车迟到而失去竞聘资格，就是因为身体不舒服，甚至有一次因为胃溃疡住院，或者因为面试的时候发挥失常，表现远远低于平时的水平。

最开始他认为这些失败是由于自己运气不好，但他在做了诸多尝试却失败后变得气馁了。他不理解为什么自己总是在关键的时候掉链子，事业迟迟不能再更进一步。但随着咨询进程的深入，我发现，竞聘失败不是因为他运气不好，而是因为他"根本不想竞聘成功"，他其实并不认为自己能够成功。

一方面，上学时，他的父亲对他的期待很高，要求很严格，他考试要考第一，不能做与学习无关的事情，并因为他贪玩成绩退步而多次打过他。他与父亲的关系一直很紧张，他在人生中做出的许多选择，例如，报什么专业，去哪个城市，与什么样的人结婚，都是同父亲对着干的。如果他当了总监，他的人生将迈上一个更高的台阶，他可能会获得世俗意义上的成功，但这不就让父亲如愿了吗？这不就证明自己是错的了吗？所以绝不能让父亲"得逞"。

另一方面，父亲开公司做生意多年，做什么赔什么，一直没挣到钱，还被朋友骗了不少钱，一生郁郁不得志。当上总监，他就可能会比父亲优秀、比父亲成功。在潜意识层面，超越父亲似乎意味着对父亲和自己的双重背叛，并且在高标准严要求的环境中长大的他，因为从未得到过父亲真正的认可，而感觉自己似乎无论多努力都不够好，都需要更好，他的自我价值感较低，内在不够自信，不相信自己真能够成功。种种原因交织在一起，让他通过众多看似无关的意外或突发事件，得以保持职业的失败。

我还曾有一位女性来访者，她同样遇到了职业发展的问题。她的困惑在于她每进入一家公司、一个团队，待不了多长时间就会辞职，因为她忍受不了团队里"冷漠和缺乏人情味的氛围"。而在进一步的描述和咨询讨论中我发现，她感受到的人情冷漠，只是这个团队的成员尤其是团队的领导者、管理者没有主动地关心她、关注她，挖掘她身上的优点，宽容她的缺点。因为她从小就被大家庭忽视，所以极度渴望被看到、被关注及被认可。工作后，她对大家庭中权威人物的期待转移到了领导身上，当她没有获得想要的关注时，她就会重新经历自己小时候不被关注的体验，自我价值感被一次次损坏。她将这种被伤害的感觉归咎为"职场冷漠，人情淡薄"，于是在一家家公司和一个个岗位间转换。

在这两个案例中，当事人遇到的情况不同，造成问题的原因也各有差异，但他们的困境都与他们的自我评价和自我价值感有关。自我评价较低、缺乏自我价值感和存在感，导致他们无法适应职场，取得职业成功。如果这个根本问题得不到解决，无论再有多少个竞聘的机会、换多少家公司都很难解决这两个人的问题。而低自我价值感的形成则与童年早期没有建立起健康弹性的自我评价体系有关。

自我评价体系包括自我评价和他人评价两部分。在孩子还未发展出自我意识时，外界尤其是父母对待孩子的方式和对孩子的评价是孩子认识和评价自我最重要的依据，孩子会内化这种评价。如果孩子感受到的是认可、肯定，是正向的爱和支持，那么孩子的自我评价就是积极的、鼓励性的，孩子会认为自己是好的，会相信自己，自我评价的内核是积极、乐观与自信的；反过来，如果一直被批评、被指责、被挑剔，孩子可能会认为自己是不好的，自我评价的内核就是消极、悲观与自卑的。长大之后，孩子接触的人和环境变得更广、更复杂，评价的来源会增多，但童年时从父母那里得到的反馈、评价是一个人自我认知和自我评价最重要也是最基本的组成部分。

如果两个当事人做了父母，他们这种低自尊、低自我价值感还会以消极的职业观、人生观的形式传递给孩子，例如，"我这辈子就是这个命，再怎么努力也升不了职！"又或者"职场无情，工作很辛苦、很累。"这会让孩子产生厌恶或恐惧职场的消极心态，抑制孩子自身的职业探索和发展。

父母的自我评价对孩子职业发展的影响还体现在对孩子人生和职业发展的"软性控制"上。例如，利用孩子对父母的爱，将自己未完成的职业理想寄托在孩子身上。华裔女作家伍绮诗的作品《无声独白》就讲了这样一个故事。妈妈玛丽琳的医生梦破碎后，她将所有希望寄托于二女儿伊迪亚身上。伊迪亚因为母亲曾经离家出走过，害怕自己若不顺从就会使母亲再次离开，于是自觉自愿地背负起了这个梦想，她努力学习，生活中的一切都围绕着母亲的梦想展开，最终失去自我、不堪重荷，投湖自尽。这个悲剧的源头就是，妈妈因为无法接受自己在人生和职业选择上的失败，而要在女儿身上实现医生梦来补偿自己，才能面对"无能"的自己和自己"一无是处的人生"。

从这些案例和故事中可以看出，我们看待和评价自己的方式，决定了我们会以怎样的姿态在职场上发展，并最终决定我们的职业之路能够走多远。在与孩子的朝夕相处之中，作为父母，我们的自我认知和职业观会影响孩子的职业观、价值观、人生观，并且在孩子的职业发展中继续发挥影响力。

本章小结

1. 自我评价体系包括自我评价和他人评价两部分。

2. 在孩子还没发展出自我意识时，外界，尤其是父母对待孩子的方式和对孩子的评价是孩子认识与评价自我时最重要的依据，孩子会内化这种评价。

3. 如果孩子感受到的是认可、肯定，是正向的爱和支持，那么孩子的自我评价就是积极的、鼓励性的，孩子会认为自己是好的，会相信自己，自我评价的内核是积极、乐观与自信的；反过来，如果一直被批评、被指责、被挑剔，孩子可能会认为自己是不好的，自我评价的内核就是消极、悲观与自卑的。

第 5 章

依恋关系源于真实的相处和陪伴

● 成年阶段的依恋关系以内隐的安全基地的形式在发挥作用，但这个安全基地的形成始于婴幼儿阶段的日常照料。

孩子刚出生时很脆弱，他的生存依赖于照顾者和外部环境，并且孩子的自我意识是在出生后随着大脑和身体的不断发育及在与外界的互动过程中建立起来的。所以父母的养育方式、养育质量，不仅仅影响孩子是否能够存活，能够长多高长多重，开心还是不开心，更会影响孩子的自我认知和对外部环境的认知。

如果一个孩子能够得到好的照顾，饿了渴了有人及时喂奶，拉了尿了能够得到及时清理，有温暖的怀抱，有让他舒服的按摩满足身体的接触需求，照顾者会对着他微笑，耐心回应他的所有需求，不会突然不见，也不会突然不高兴或者不理他，孩子需要的时候这个人都会在并能够给予他持续稳定的照顾，这会让孩子有充足的安全感。在这样的过程中，孩子会对自己产生良好的感受，觉得自己是好的，也会觉得外界环境是好的，是安全的。在这样的互动交往中，孩子能够对外界有充分的信任，也对自己有充足的信心，能够与父母建立起较为安全的依恋关系，形成积极、自信的内部工作模式。

我们反过来设想一下，如果一个孩子出生后饿了渴了没人理会，或者在哭闹了很久之后才有人给他喂奶；孩子拉了尿了也没人及时地处理，让他处在不干净、不舒服的状态很长时间才得到清理；又或者照顾者情绪波动很大，一会儿高兴，一会儿生气，高兴的时候可能会照顾孩子，不高兴的时候就呵斥或者不理孩子。那么对这个孩子来说，基本的生存都有问题，他感受到的是外界环境的不可靠、不可预测，他不知道自己什么时候会被好好照顾，什么时候又会被置之不理。

　　对这个孩子来说，这些行为会被他自己理解为，自己不好，自己不对，否则为什么没有人照顾自己，爱自己呢？这一定是自己有问题。因此，对外界孩子可能是害怕、恐惧的，但是又有着强烈的依赖，处在矛盾的情感里；并且会认为自己是没有价值的，不被爱、不被接纳，逐渐形成较为消极、悲观的内部工作模式。无论是矛盾型依恋，还是回避型依恋或混乱型依恋，在本质上都是不安全的依恋关系。

　　孩子的依恋对象，并不必然是母亲，也有可能是父亲、姥姥、姥爷、奶奶、爷爷，甚至是较年长的哥哥、姐姐，总之是持续和稳定地照顾他的那个人。在孩子的依恋等级上，母亲往往排第一位，但这是因为在一般情况下母亲照顾和陪伴孩子较多，而不是因为母亲这个天然的身份。经常有一些妈妈对我说，孩子与她不亲，摔疼了心情不好了会去找姥姥；晚上睡觉不愿意找她，她出差很久不在家，孩子也不想她。这种情况确实常见，如果母亲与孩子的相处比较少，或者无法与孩子好好相处，不亲近很正常。

　　美国心理学家玛丽·艾斯沃斯（MaryAinsworth）受到鲍尔比依恋理论的影响设计了著名的"陌生情境实验"，用来观察婴儿与母亲的互动，以此判断依恋关系的类型。实验结果较为直观地展现了 1 岁左右的婴儿与母亲的相处状态。

　　"陌生情境"由 20 分钟的场景组成，第一步，母亲和她 1 岁大小的婴儿会先和一个"陌生人"一起被带到游戏房，这个陌生人是一个友好的被试，也是实验员。第二步，母亲离开房间 3 分钟，留下婴儿与实验员在一起。第三步，母亲回来并与婴儿重聚后，母亲和实验员都会离开房间 3 分钟，留下婴儿独自一人。最后一步，母亲和婴儿再次重聚。整个过程会被录音且评分，研究人员关注婴儿面对分离和重聚时的反应，目的是引发面对分离压力时的个体差异（单独在一个不熟悉的房间待 3 分钟对 1 岁的婴儿来说是很长的时间）。从大量的陌生情境实验的重复性研究中，我们能够看到不同依恋状态的母子在互动上有显著不同。

安全型依恋：与母亲在一起时，婴儿能够投入地玩耍，并不总是依偎在母亲身旁，只是偶尔需要靠近或接近母亲。母亲在场会使婴儿感到足够的安全，能在陌生的环境中进行积极的探索，对陌生的实验员的反应也较为积极。母亲离开时，婴儿会明显表现出苦恼、不安，不让母亲离开。母亲回来时，婴儿会立即寻求与母亲的接触，在母亲的抚慰之下能够很快平静下来，继续玩耍。这类婴儿约占 65%。

矛盾型依恋：婴儿在母亲要离开前就显得很警惕，无法投入到游戏中去。母亲离开后会表现得非常焦虑，任何一次短暂的分离都会引起大喊大叫。但是在母亲回来后，对母亲的态度很矛盾，既想寻求母亲的接触，同时又反抗与母亲的接触，当母亲亲近如抱着他时，他会生气地拒绝、推开母亲，很难被安抚。但是又无法投入到游戏之中，一直关注着母亲的动向。这类婴儿约占15%。

回避型依恋：母亲是否在场对此类婴儿似乎没什么区别。母亲离开时，婴儿并未表示出反抗或不满，很少有紧张、不安的表现；在母亲回来后，也往往不予理会，表现出忽视而不是高兴，自己玩自己的，看起来对母亲并没有什么特别的情感，但是会在身体上感受到压力，游戏活动也会受到影响，看起来婴儿不是不在意母亲的离开，只是故意表现出不关心。这类婴儿约占 20%。

之后研究者梅（Main）发现有一组婴儿无法被归入上述任何一种类别之中，这些婴儿出现了多种混乱和令人困惑的行为，包括像被冻住一样僵在原地、刻板动作如身体来回摇晃、在与母亲重聚时蜷成一团等，他们的反应没有规律，不稳定，也难以预测，所以这类状态被统称为**混乱型依恋**。

在陌生情境实验及后续研究中，研究者同样对母亲的反应进行了观察。

> 在安全型依恋关系中，母亲在孩子哭泣时反应更迅速，能够及时回应孩子的需求；对孩子的注视、微笑和对话更多，并且经常给予孩子充满激情和快乐的拥抱；同时体现出较强的共情能力，能够跟随孩子的步调给予他情感支持和抚慰；并且能够与孩子一起玩耍，孩子也有一定的独自游戏能力。
>
> 在回避型依恋关系中，母亲情感表达和反应少，与孩子的互动很少，肢体接触少，即便有也主要是功能性的，比如满足生理需求；在情感上则缺乏对孩子的关注、回应，极少与孩子互动。
>
> 在矛盾型依恋关系中，母亲的反应不稳定，很难预测，有时候介入过多，干预过多，有时候却忽略孩子明确表达出的需求。情绪不稳定的母亲，上一秒很开心，下一秒可能就是暴怒，孩子则适应困难、无法应对。

我们常说，感情是相处来的，依恋关系的建立也是如此。虽然父母与孩子的依恋关系安全与否受到多种因素的影响，包括父母教养的方式是专制的、放任的还是权威式的；父母本身是在一个被爱和被尊重的环境中长大还是在一个被苛责、被忽视甚至被虐待的环境中长大；孩子的个性是困难型、容易型还是迟缓型等。但无论是基于哪些原因，依恋关系都是孩子在与父母一点一滴的相处中建立起来的。**虽然成年阶段的依恋关系不像小时候那样需要时时刻刻与依恋对象在一起，而是以内隐的安全基地的形式在发挥作用，但这个安全基地的形成同样根植于婴幼儿阶段的日常照料。**

本章小结

1. 美国心理学家艾斯沃斯设计了著名的"陌生情境实验",用来观察 1 岁左右的婴儿与母亲的互动和相处状态,判断依恋关系的类型,主要包括安全型和不安全型依恋,其中不安全型又包括回避型、矛盾型和混乱型。

2. 在安全型依恋关系中,母亲能够准确、及时地回应孩子的需求;对孩子的注视、微笑和对话更多,并且经常给予孩子充满激情和快乐的拥抱;能够跟随孩子的步调给予他情感支持和抚慰;与孩子一起玩耍,孩子也有一定的独自游戏能力。

3. 在回避型依恋关系中,母亲情感表达和反应少,与孩子的互动很少,肢体接触少,在情感上则缺乏对孩子的关注、回应,也缺乏与孩子的互动。

4. 在矛盾型依恋关系中，母亲的反应不稳定，很难预测，有时候介入过多，干预过多，有时候却又会忽略孩子明确表达出的需求。母亲情绪不稳定，上一秒很开心，下一秒可能就是暴怒，孩子则适应困难、无法应对。

5. 在混乱型依恋关系中，母亲的反应缺乏规律，婴儿会出现多种混乱和令人困惑的行为，没有规律，不稳定，难以预测，包括像被冻住一样僵在原地、刻板动作如身体来回摇晃、在与母亲重聚时蜷成一团。

第 6 章

依恋关系大于一切教养技巧

● 亲子关系比任何具体的教养技巧都重要。

我曾听一个摄影师朋友说起自己给孩子拍照时的情境。她说拍照时可以非常直观地观察父母是不是自己带孩子。孩子可以沟通、能够听父母指令、配合拍照的，十之八九是父母自己带的，并且父母与孩子的关系比较好；孩子很难沟通，不能听指令，无论怎么安抚都不配合的，父母没办法只能发脾气甚至打孩子的，往往是老人带的，父母与孩子相处时间一般较少。

虽然这一判断带有一定主观性，但确实说中了一个重要的现象。孩子为什么不听父母的话？这里的"听话"不是指对父母的一味服从，而是可以沟通、听从指令的行为。孩子能够听从一定的指令非常重要，例如，在学校时能够听指令，遵守课堂纪律、听课；在家里能够听指令，与父母沟通，学习和塑造良好的行为；在与同伴玩耍时能够倾听其他人的想法，遵守游戏规则共同完成某些游戏项目等，这对于孩子的智力发展、社会适应能力、情绪发展等有着直接影响。让孩子听从指令的前提是良好的亲子关系。

亲子关系比任何具体的教养技巧都重要。当父母能够给孩子创设一个有安全感的、被爱及被尊重的环境，孩子不紧张、不焦虑、感受到足够的爱和支持时，孩子才会把关注点放在如何发展和解决问题上。神奇的是，当孩子感受到了父母的爱和无条件的接纳时，孩子更可能朝着父母希望的方式发展。如果亲子之间未能建立起亲密和安全的依恋关系，孩子不信任父母、听不进父母的话，无论父母掌握多少育儿技巧，想要施加给孩子多少正向的影响、传递多么先进的观念、提供多么好的受教育条件，这些作用几乎都可以等同于零。即便孩子迫于压力而选择服从，也会出现一系列的情绪与行为问题。

　　这就是我特别想与大家分享的最省力、最有效的育儿秘籍，那就是爱孩子，无条件地接纳孩子，与孩子建立健康、安全、亲密的依恋关系，在此基础上引导孩子养成和建立良好的习惯和三观。育儿就是要把功夫做在前面，打下好的基础，尤其是在 0 至 6 岁的学龄前阶段，而不是在孩子出现了问题之后忙着补救、善后。

　　因此，要建立与孩子的安全依恋关系，不仅需要真实的相处和陪伴，还需要父母了解依恋关系的本质，提升自己与孩子相处的能力。依托依恋理论的相关研究、多年的心理学实践及养育孩子的亲身经历，我认为具有较强的建立亲子关系能力的父母拥有以下特质。

　　1. 能够给孩子充分的爱和滋养，注重孩子心理品质的培养。

　　2. 尊重孩子，把孩子当成平等的个体对待，认可孩子拥有其自身的想法、感受和需求。

　　3. 接纳孩子本身的个性、特质，按照孩子的天性引导或帮助孩子成长，而不是按照自己的需求塑造和改变孩子。

　　4. 充分信任孩子，相信孩子有足够的自由意志，并

在安全的范围内让孩子自由探索，而不是横加干涉。

5. 有较强的共情能力，能够换位思考，理解孩子。

6. 重视情绪管理，有较强的情绪管理能力，能够以平和、稳定的情绪与孩子相处，并且注重对孩子情绪的引导和管理。

7. 能够把握好人与人之间的边界，自己与孩子的边界，也鼓励孩子维护其自身边界。

8. 既能与孩子一起玩，又能给孩子足够的空间；作为家长既能够独处，也能够与他人相处。

9. 有较强的成长性，不惧怕变化，并会主动地应对甚至创造变化；做一个真实的人，不追求做完美无缺的父母，能够面对自己不够强大甚至有时脆弱无助的情况，并积极寻求帮助，也因此拥有让自己幸福的能力。

我将上述特质分解对应到 12 种能力中——**富养力、尊重力、接纳力、信任力、放手力、共情力、情绪力、拒绝力、游戏力、独处力、真实力、幸福力**，我将其统称为**亲子关系力**。如何在与孩子的相处中学习亲子关系力，值得所有父母关注。父母是一个无法提前上岗的职业，并且没有退出重来的机会。虽然不能提前上岗受训，但并不意味着我们什么都不能做。了解孩子成长发育和发展的基本规律、可能影响身心发展的因素，掌握亲子关系的本质，觉察自身的价值观、人生观、育儿观，建立科学、正确的教育理念，提升亲子关系力，都可以帮助准父母们提前做好准备，学习如何做父母，以更好的状态迎接新生命。

本章小结

1. 亲子关系大于一切教养技巧。当父母能够给孩子创设一个有安全感的、被爱及被尊重的环境，孩子不紧张、不焦虑、感受到足够的爱和支持时，孩子才会把关注点放在如何发展和解决问题上。

2. 最省力、最有效的育儿秘籍，是爱孩子，无条件地接纳孩子，与孩子建立健康、安全、亲密的依恋关系，在此基础上引导孩子养成与建立良好的习惯和三观。

第二篇

12 种亲子力帮你和孩子建立高质量的亲子关系

第7章

富养力

● 富养自己的父母给孩子见过世面的眼睛和心灵。

66孩子要富养还是穷养?"

这个问题困扰着很多家长，甚至有一些家长问我："我们家有一个男孩和一个女孩，都说男孩要穷养，女孩要富养，那是不是只给女孩买好东西，买好衣服，出去旅游时只带女孩不带男孩？但如此区别对待两个孩子，好像也不妥吧？"在回答这类问题之前，我们先来看两个案例。

第一个案例是关于一个青春期的女孩的。这个女孩家里的经济条件非常好，但父母都忙于生意，经常不在家。孩子平时与几个保姆一起生活，衣食住行都是名牌，父母还会经常给她买一些奢侈品。因为父母太忙没办法陪伴她，心里内疚，所以无论她要什么，父母都会买给她。孩子养成了想要什么就必须得到的个性，如果父母不满足她，她就会大哭大闹，最后父母只好妥协。但这个女孩在学校与同学们相处时遇到了很多问题，她发现老师和同学并不会像保姆那样围着她转或只关注她，也不是所有同学都喜欢她、想与她玩儿。

为了让别人喜欢她，她经常送东西给同学，请大家吃饭，但是同学们吃了她送的好吃的，并没有因此就喜欢她，甚至还会合伙捉弄她，说她的坏话。她用尽各种方式讨大家的欢心也没有用。后来全班同学都排挤她。渐渐地，她变得不喜欢去学校，只要一到学校就会紧张，后来发展到只要说起学校或上学她就会身体打战、大喊大叫的地步。最后去医院诊断发现孩子患上了青春期精神分裂症，不得不休学。

在这个案例中，父母因为忙，不能经常陪伴孩子，无法与孩子充分地沟通，没能与孩子建立起亲密的情感关系。孩子渴望爱，但是在与父母的关系中却又感受不到。她渴望与同学建立亲密的关系，得到关注、认同，但是父母用物质和金钱表达对她的爱，她从中学到的表达爱的方式就是送好吃的、好用的，但当她用这样的方式与同学们交往时，她发现这种方式不管用，却又不知道该用什么样的方式与他人相处或建立关系。同时，父母因为不能陪伴孩子而产生愧疚心态，对她的要求百依百顺，也缺乏对孩子个性、行为习惯、归因方式和处理冲突等方面的有效引导，当孩子不知道该如何应对与他人相处的问题时也未给予支援，一系列的因素导致了现在的悲剧。

在这个例子里，父母看似在富养孩子，但这种物质层面的富养带给孩子的并不是快乐、健康和成就感，而是痛苦、抑郁和无助。

第二个案例的主角是一个已经当了父亲的"80后"。他求助的议题是自己做什么事情都没有动力，经常拖延，他知道很多事情该做但就是不想做，拖到最后匆匆完成，结果自然也不会好。他总是看谁都不顺眼，尤其是看到夸夸其谈的人就会忍不住跟对方较劲，讽刺对方，总是充满敌意。他经常心情不好，觉得生活中没什么开心的事情，觉得人生没有意义。

通过初步的信息搜集，我发现，他的情绪低落与钱有直接关系。最近两年他的生意不好，勉强维持，前景堪忧，并且家里有老人生病，住院花了很多钱，加上他在股市亏了很多钱，经济保障被一下子掏空了。遇到这样的情况，估计大部分人都不会开心，情绪低落是很正常的表现。但是他的这种状态持续了近两年，因此这个恶性循环给他的婚姻、事业都造成了巨大的影响，他就像陷入了泥潭却拔不出来。

他的原生家庭在经济方面虽然谈不上是大富之家，但也算殷实。然而，他的母亲觉得男孩要穷养，从小就跟他说家里没钱，希望他好好学习，以后挣大钱。在日常生活中，他的父母也非常节俭，对他超过预算之外的需求一律拒绝。他在吃穿用方面比同学们差很多，面对有钱的同学、朋友，他总觉得抬不起头来，也因为没有零花钱而觉得自己寒酸，跟同学们玩不到一起去。他因此被一些同学嘲笑，在钱方面有自卑感。

他从小到大的目标是赚很多钱，一定要过得比别人都好。毕业五六年之后，他做项目挣到了不少钱，他便扬眉吐气，觉得自己很有能力，比别人都强，"膨胀的感觉非常明显"。但是他不会用钱来改善自己的生活，从来不会买超过 100 元的衣服，因为他觉得自己不配穿好衣服，把钱花在自己身上会让他有一种愧疚感，像犯错了一样。

他从小建立起来的自我评价的标准就是钱和发展前景。当这两个方面很好，他有钱，也有很好的生意前景时，他就会觉得自己特别好，特别强，世界上就没有自己做不了的事情；但遇到现在这种状况，即生意不好，也没什么钱，在周围人尤其是自己的同龄人之中没有了竞争力时，他就会觉得自己不行，但又无法接受自己比别人差，因此遇到那些高调、总喜欢表现自己的人，就要跟对方争执、辩论，并试图贬低别人，让自己感觉好一些。

在这个案例中，母亲刻意营造的"穷养"模式导致孩子在精神上的限制和内心的匮乏感。他将金钱作为自我价值的评价标准，而这个标准随时可能会变化，因此他没有稳定的自我评价体系，核心价值感缺失。这个问题不仅影响了他的青少年时期，在成年之后依然会持续对他产生消极的影响。

在这两个案例里，一个是富养，一个是穷养，但带给孩子的都是内心的痛苦及学习或工作上的发展阻碍。在现实生活中，很多家庭富裕的孩子有见识，具备发展性的思维方式，自我认同感强，友善、共情能力也强；穷困家庭出来的孩子中也不乏高成就者。这样的例子也非常多。

所以，**从物质层面单纯地谈论穷养与富养并没有意义**。重要的是，我们的最终目标是什么？我们希望孩子成为一个什么样的人？有人说希望孩子读一所好大学，有一份好工作，有一个幸福的家。但实际上这些只是养育的结果和表现形式。这背后的真实诉求才是最重要的，因为这个诉求是我们的教育目标。**穷养与富养只是方式**。我们作为父母应该通过目标来决定方式或方法，而不是由方式或方法来确定目标，应该思考的是如何达成教育的目标，而不是本末倒置。**因此从物质角度谈论穷养还是富养没什么价值，而是要考虑如何给予孩子滋养，这样的能力被称为富养力**。

富养应该包括物质和心理两个层面。**物质富养**指的是在家庭可以承受的范围内，尽量给予孩子好的物质条件、生活品质和成长环境；同时引导孩子建立良好的金钱观，使其能够正确地看待金钱和物质，避免孩子陷入以金钱为主的人生观。**心理富养**是指培养孩子内心的丰盈感和富足感，培养孩子独立、健全的人格，具备良好的心理品质，建立对自我的清晰认知，能够与人建立良好的关系，拥有稳定和强大的社会支持系统。

要做到"富养"孩子，父母需要从自身和对孩子的实际养育两个层面进行。

父母应先富养自己

父母需要懂得什么是富养，并且将这种理念融入自己的生活中，先将自己富养起来。

1. 抛弃受害者心态，摆脱穷人思维

受害者心态主要表现为把自己的生活、价值感、幸福感建立在别人或外在环境上，将问题、不好的状况归咎于他人，口头禅经常是："没办法啊！""要是我老公争气，多挣点儿钱，我的日子能过得更好！""要不是因为你，我能变成现在这样吗？""都是你害的，都是你们的错！"受害者心态反映了人们对他人的依赖和自我放弃，本质上是一种无法自我负责、缺乏掌控力的思维

方式，这是一种典型的穷人思维。这对孩子的影响主要体现在两个方面。

一方面，这类父母给孩子示范的是将责任和问题归咎于其他人或者外部环境上，这实际上是教孩子把成功、失败归于外部因素，孩子会自然地习得这一点，进而影响到其生活的方方面面。例如，把成绩不好归咎于父母、老师或者其他同学身上，与同学发生冲突矛盾时认为都是对方的问题，将其他人不喜欢与自己玩理解为别人都不好；长大后把工作、恋爱、婚姻的问题归咎于父母、公司、上司、同事、恋人、配偶、孩子等，很难觉察和反思自己的问题，更难以改变和成长。

我曾经接过一个个案，一个上中学的孩子厌学、退学，父母通过打、骂、威胁、利诱、恳求，想尽了各种办法让孩子去上学，孩子还是会一到学校后就偷偷溜走。这个孩子的妈妈一直在抱怨，自己命不好，认为自己养了白眼狼，"就因为他，我得少活好几年"；而这个孩子的口头禅是"要不是我爸妈这样对我，我也不会厌学、退学""他们害了我，我是没希望了"。大家可以对照看一下，母子俩的说法多么相似，所有的问题都是对方造成的，自己变好的希望在对方那里，对方不改变，自己就没办法变得更好。

另一方面，引发孩子的自责和愧疚感。当父母把自己工作、生活、感情的不如意归咎于孩子，或者将自己幸福的希望放在孩子身上时，**孩子因无从判断问题的根源所在，并且由于孩子天然的自我中心意识，会不加过滤和判断地将问题归到自己身上**，认为是自己造成了父母的不快乐、不幸福，因此产生巨大的愧疚感和羞耻感。愧疚感和羞耻感是两种具有巨大破坏力的情绪，在负面情绪的金字塔上稳居高位。背负着沉重心理负担的孩子，怎么会过得幸福？

父母应保持对自身思维方式和心态的觉察，摒弃受害者思维，学习自我负责，建立开放性思维，是富养孩子的前提。

2. 建立正确的金钱观，学会富养自己

人无法给出自己没有的东西，不懂得富养自己的父母很难做到富养孩子。**家长自身要建立正确的金钱观，不应一味地贬低金钱或者将金钱视为最高目标，而是应合理看待和有效支配金钱与物质**。例如，在家庭条件允许的情况下，尽可能地提升个人和家庭的生活品质，增大成长类家庭生活的比例，包括安排全家能够参与的活动、家庭旅行、培养兴趣爱好、参与公益、读书学习等，父母应更关注自己的个人成长与发展，而不是将全部精力放在家庭和孩子身上。

如何富养孩子

从养育孩子的角度，富养孩子可从如下两个方面着手。

1. 加强金钱教育，建立正确的金钱观

金钱教育是传统教育中缺失的部分之一。在现代，有些人对于金钱的看法往往会走向两个极端，要么是无限放大金钱的作用，推崇金钱至上，将物质和金钱作为教育和发展的最终目标；要么是秉持对金钱的鄙视态度，回避谈论金钱，似乎谈论金钱、表达对金钱的欲望有失体面。无论上述哪种，都有失偏颇。小仲马说："不要太把金钱当回事，也不要不把金钱当回事，它值多少就是多少。金钱是一个好仆人，却是一个坏主子。"在对孩子进行金钱观教育时，父母无须夸大金钱和物质的社会权力属性，而是应从其工具性的角度出发，帮助孩子认识、了解和管理金钱。

金钱就像生活中的其他物品一样，有其形状、颜色、功效、面值，引导孩子借助各式场景认识金钱，使其建立对金钱的感知：金钱是生活的基本保障，恰当地利用金钱，可以提升生活品质和生活幸福感，例如，金钱可以帮助我们买到喜欢的食物、玩具和书，去美丽的地方旅行；金钱是让生活变得更好的工具，务

力学习、工作、理财可以帮助人们赚到钱，实现人生的目标，但金钱不是生活的目的，金钱不能凌驾于生活之上，我们应该学会管理和利用金钱，而不是为金钱所控。这些理念会通过父母对金钱的态度和行为传递给孩子，孩子也会在真实的生活中学习和修正。这些都建立在父母对金钱的正确态度的基础之上，也再一次印证了"育儿先育己"的观点。

在实际养育孩子的过程中，父母们要避免走入两个误区，一个是以金钱作为表达爱的方式。 我不建议不计金钱成本、吃穿住行全部都是名牌的、高档的纯物质富养，尤其是当这种"富养"远远超出了一个家庭自身的经济水平时，金钱可能会变成枷锁。在这种状况下，父母对孩子的期待可能会非常高，一旦期待落空可能会引发强烈的冲突，并且会让孩子养成不良的心理品质，如以金钱作为人际交往的工具或评价自我价值的标准等。

另一个误区是对孩子极为苛刻，压抑孩子合理物质需求的纯物质"穷养"。 物质上的匮乏可能会造成精神上的匮乏，最后可能会造成孩子缺乏自主性，缺乏自信心和活力，内心常有匮乏感。

2. 重视精神富养，培养良好心理品质

心理层面的富养是指让孩子感受到爱和安全感，培养孩子良

好的心理品质。儿童教育专家保罗·图赫（Paul Tough）在《品格的力量》（*How Children Succeed*）中提到："在儿童成长的过程中，重要的不是我们在孩子刚出生后的几年里向孩子们的脑子里灌输了多少信息，而是在于能否帮他们形成有价值的品质，如专注力、自控力、好奇心、责任心和自信心。"这些品质就是俗称的性格或品格，心理学家称其为心理品质。

积极心理学家马丁·塞利格曼（Martin Seligman）提出了创造幸福人生需要的 6 大类 24 种心理优势，并认为这些品质可以通过后天的学习掌握，包括好奇心、热爱学习、判断力、创造性、社会智慧和洞察力；勇敢、坚毅和正直；仁慈与爱；公民精神、公平和领导力；自我控制、谨慎和谦虚；美感、感恩、希望、灵性、宽恕、幽默和热忱。心理学家克里斯托弗·彼得森（Christopher Peterson）则将这 24 种品质提炼成最有助于生活满意度和未来发展成就的 7 种心理品质，分别是坚毅、自控力、热情、社交能力、感恩、乐观精神和好奇心。在日常生活中，对于这 7 种心理品质的培养成了越来越多儿童工作者和家长们的教育方向。

心理品质的培养需要结合每个家庭、每个孩子的实际情况，在这本书中我无法一一阐述，在此以乐观精神为例，阐释教育者和父母如何通过归因方式来引导儿童培养乐观精神。归因是指不同的人对生活中的事件、对成功和失败会有不同的解释。我们对

周围的人和事无时无刻不在归因，归因的方式会影响我们对事情的预期，进一步影响我们的信心和行动力。习惯性的稳定的归因方式对于心态有着直接的影响，积极和健康的归因会让人变得自信乐观，而消极或不健康的归因则会让人变得悲观或狂妄。

归因包括**稳定性和可控性**两个方面。

> **稳定性**是指将结果归于稳定的原因，与不稳定的归因相比，稳定性归因会促使我们对结果有更强的预期。以考试成绩为例，如果父母和孩子将成绩好归因于能力强这个稳定的因素，那么孩子对自己会很自信，对考试也会很乐观，认为自己下次还会考好；如果把好成绩归因于变化的不稳定的因素（如运气好），那么孩子对下次的考试成绩可能就没那么乐观了。
>
> **可控性**侧重于人们将结果归因于个人还是外部环境。如果学生把成绩好归因于内部原因，如复习很充分、学习很努力，那么学生就会对自己的评价较高，会很自信；如果把成绩好归因于外部原因，如运气好或题目简单，那么很少有人会觉得自豪，对自己的评价也不会太高，甚至认为自己只能靠运气，一旦考试难度增加就考不好了。

在日常生活中，我们可以引导孩子**把失败归于可以改变的不稳定的原因，**例如，考试没考好是因为不够努力，复习得不够充分，而不是因为能力不足，父母要鼓励孩子在平时的学习中下足功夫，做好充分的准备，掌握好的学习方法，等等；**把成功归因于个人稳定的原因，**例如，孩子学习能力强、足够刻苦等。这一方面会有助于孩子保持自信心，另一方面会鼓励孩子继续保持优势，提升学习能力，继续努力。

我在这里提醒大家两点。

（1）父母的归因方式反映了父母对孩子的看法，会直接影响孩子的归因方式。在引导孩子做积极归因的时候，父母要先明确自己如何看待孩子的成绩。如果父母认为孩子考得好纯粹是因为运气，或者是因为考试题太简单，那么在引导孩子的时候就很难扭转自己的看法，孩子也不可能进行积极的归因。

（2）要引导孩子关注可控的原因。考得不好，不要安慰孩子说："题目太难了，你不会做很正常。"如果家长经常这么安慰孩子，尤其是从很小的时候就是如此，那么孩子容易把关注点和期待放在外部，期待着考试别太难，如果没考好可能也会将此归咎于考试难度这种不受自己控制的因素，而不去反思自己是否学得不够扎实，掌握得不够好。

本章小结

*1. 富养包括物质和心理两个层面。物质富养*指的是在家庭可以承受的范围内，尽量给予孩子好的物质条件、生活品质和成长环境；同时引导孩子建立正确的金钱观，正确看待金钱和物质，避免孩子陷入以金钱为主的人生观；*心理富养*是指培养孩子内心的丰盈感和富足感，培养独立、健全的人格，具备良好的心理品质，建立对自我的清晰认知，能够与人建立良好的关系，拥有稳定和强大的社会支持系统。

*2. 父母需要先懂得什么是富养，并且将这种理念融入自己的生活中，先富养自己：抛弃受害者心态，摆脱穷人思维；*建立正确的金钱观，学会富养自己。

*3. 父母要加强对孩子的金钱教育，帮其建立正确的金钱观。*父母应引导孩子借助各种场景

认识金钱，建立对金钱的感知，明白金钱是生活的基本保障，是让生活变得更好的工具，努力学习、工作、理财可以帮助人们赚到钱，实现人生的目标，但这不是生活的目的，金钱不能凌驾在生活之上，我们应该学会管理和利用金钱，而不是为金钱所控。

4. 父母应重视对孩子进行精神富养，培养其良好心理品质。父母要结合家庭和孩子的实际情况来培养孩子的心理品质，如坚毅、自控力、热情、社交能力、感恩、乐观精神和好奇心。

第 8 章

尊重力

○────

● 尊己敬人的父母让孩子学会真正的自尊和自爱。

────○

父母不尊重孩子的表现

尊重是我们在日常生活中使用得非常普遍的词汇，在儿童教育领域，它已经是一种基本理念了。但在我与很多家长的沟通和互动过程中，我发现家长不尊重孩子的情况普遍存在，并且很多家长对此并无觉察，家长没有发现这个问题，或者并不认为自己有不尊重孩子的行为。以下这四种情况比较常见。

1. 当面评价孩子，并且经常是负面的甚至是羞辱性评价

我在小区里经常听到带着孩子的父母们常有如下的对话。

> "我儿子吃饭可挑剔了，这也不吃，那也不吃，瘦得跟猴子似的，真让人操心！"
>
> "你儿子至少个子长得高呀！你看看我家这个，这半年了都没怎么长个儿，我和他爸也都不矮啊，我真怕他以后个头小，找对象都难。"
>
> "你儿子说话真利索啊，我儿子都快两岁了，还没说过一句完整的话，你说我要不要带他去检查一下。"

作为成年人，大家可以想象一下，如果你的配偶当着你的面与别人说你这也不好那也不好，或者如果你的上司当着你的面与别的同事说你做得不好，做得不对，你会有何感受？对孩子来说，此类评价很容易引发羞耻感和自卑感，但很多父母对此却不以为意。

2. 随意给孩子贴标签

贴标签是一种认识人和事物并将其归类的方式，原本是一种高效的认知世界的方法。但是在养育孩子的过程中，如果父母只是根据孩子的某方面的特点进行简单粗暴的归类和评价，尤其是带有消极的情感色彩时，就会给孩子带来负面影响。当孩子尚处在儿童阶段时，其个性和价值观还处在塑造期，他们会通过内化父母、长辈的评价，以此作为认识自己的方式并最终吸收整合为自我评价。

举个很常见的例子，经常有家长间聊天说："我儿子特别内向，都 3 岁了，看见别人也不主动打招呼，每次让他跟别人打招呼，他都不愿意，我一说他，他就哭，以后可怎么办啊？"父母给孩子贴了一个标签，也就是孩子内向，并且传递出来的信息是这个特质不好，父母的这种想法会影响孩子，孩子会认为："我是内向的，内向是不好的，不受欢迎的。"并且由此得出结论："我是不好的，别人不喜欢这样的我。"如果父母强迫孩子去社交，会更加强化这种不好的、"不被喜欢、不被爱"的感受。在这种情况下，孩子可能会对自己的性格感到自卑，无法接纳真实的自己，变得害怕甚至厌恶与他人交往。

作为成年人，我们进入一个新环境时，看到从未见过的人和物，都要观察思考一番，不会贸然与不熟悉的人攀谈，但是大人往往会觉得这是在审慎做事。那么当孩子如此时，大人却这样给孩子贴一个胆小的标签，这是不是也不合理。

3. 用伤害性的语言和行为威胁恐吓孩子

在与孩子的日常相处中，有多少家长说过这样的话："你再不听话，我就不要你了！""你怎么这么笨，我怎么生了你这么个笨孩子，教多少遍都学不会！""别的同学都没事，怎么就你天天这事儿那事儿的，真是闯祸精！"尤其是有些父母还会因为自己的问题把怒火发泄到孩子身上，吼孩子或故意惩罚孩子，通过让孩子难受来缓解自己的压力。

还有一些人故意逗弄孩子，例如，"你妈妈不要你了，跟着别人跑了！""你妈妈生了小妹妹，就不爱你了，你就没人疼了。""你爸妈又吵架了，都是因为你不听话。""你爸爸不想要你了，所以才经常不回来。""你是我从别人那里抱回来的，你不听话，我就把你还回去。"大人以开玩笑的口气说出来的话，却没想过年幼的孩子会把它们当真，会真的恐慌、焦虑，并为此承受巨大的压力。

4. 与其他孩子攀比

攀比现象非常普遍，最常见的就是"别人家孩子"了，例如，"你看别人家孩子，成绩多好，拿了这么多奖。""你看别人家孩子，多懂事，多听话，不像你！""你看别人家孩子……"这个句式后，总是接着一堆自己孩子的不足。

相信很多父母的初衷是想要刺激自己的孩子，向优秀的同伴学习，但实际上这种言行传达的潜在含义是："我不喜欢现在的你，我喜欢的是符合标准的你。"所以这会导致孩子有非常强烈的情绪反应，非常抗拒，甚至会产生一种想法："别人家孩子那么好，你去给别人家孩子当妈/爸吧！"我接触的很多来访者内在的自卑与其小时候被父母与别人比较有着密切的关系。他们长大之后，攀比的习惯和意识被内化到自己的思维习惯中，难以改变，并深受其苦。

除了上述几个方面，还有一些现象，例如，妈妈要上班，孩子哭闹不舍得，这本是孩子的正常反应，父母只需接受孩子的反应并给孩子安抚即可，但很多人会哄孩子说："妈妈给你买好吃的去了，一会儿就回来。"实际上，妈妈可能要上一整天班，回来也并没有给孩子带回好吃的。这就是觉得孩子小不懂事，随口扯谎哄骗过去。这些都是非常典型的不尊重孩子的表现。

如何尊重孩子

1. 放下权威姿态，树立尊重孩子的理念

不尊重孩子，与父母的权威意识和"大人"姿态有关系。一些父母没有真正地把孩子当成有独立意志、想法、感受和需求的个体，而是将其看成父母的附属品，什么也不懂、没经验的"小屁孩"，即便孩子已经成人、成家，依然觉得自己作为父母拥有对孩子的天然权威和所有权，经常说的话是："我吃过的盐比你吃过的饭都多。""你是我生的，我还管不了你了。"无界限地干预孩子的感情、婚姻生活、工作甚至对第三代的教育。

一些家长在自己的成长过程中可能也感受过不被尊重的痛苦，但是等自己成了父母，面对孩子，仍然习惯化地用父母对待自己的方式对待自己的孩子，这就是前面说到的亲子关系模式的恶性传递。

尊重孩子是一种理念，父母要把孩子当成有独立意志、想法和感受的个体，尊重其个性和发展特点，尊重其感受、想法和选择。中国有句古话，"己所不欲，勿施于人"，意思是自己不想要的、不想做的、不喜欢的，不要强加到别人身上；但有一点对父母来说更重要，也更难，即"己所欲，亦勿施于人"，自己想要

的、想做的、喜欢的，也不要强加到孩子身上。我认为这是提升尊重力应该具备的基本理念。

2. 实践尊重行为，提升尊重孩子的能力

对孩子的尊重要落实到与孩子的点滴相处之中。

（1）推己及人，换位思考

学会尊重，一个最有效的方式就是推己及人，换位思考。父母与孩子相处时可以时常问自己这样两个问题：

◇　如果别人像我对待孩子这样对待我，我会舒服吗？

◇　如果这不是我的孩子，而是我的朋友，我会这样对待他吗？

这两个问题都可以帮助我们换位思考，把自己放在孩子的位置上，如此一来，我们对待孩子的方式、态度和行为会不会与现在有所不同？把孩子当作朋友、同事，与孩子的相处又会有什么不同？

像尊重朋友、尊重自己一样尊重孩子时，父母就能够把孩子放在与自己平等的位置上，在说话、用词、态度上多了尊重和在意；在做出与孩子有关的某些决策时，就会以平等的姿态与孩子

商量，征求孩子的意见，而不是将自己的意愿强加到孩子身上；会保护孩子的自尊心，不会当众评价孩子，尤其不会在公共场合大声呵斥或者打骂孩子；当孩子遇到某些困难或者失误时，我们不会取笑孩子、责骂孩子，而是会耐心、关心、倾听、安抚，给他提供帮助；在孩子做某些事情时，我们会让他对自己负责、做主，而不是将自己视为权威和主人，包办控制，毕竟我们不会这样对待同事和朋友。

2019 年 6 月底，北京特别热的时候，气温达到 38 摄氏度，穿 T 恤、短裤都会让人觉得很热，我刚刚两岁的女儿出门却非要穿羽绒服和大红棉鞋。刚开始我和她商量，说这么穿会很热，要不要换薄 T 恤。但她不听，非要穿，我索性就随她。她穿着最厚的长款羽绒服和最厚的棉鞋到楼下刚玩了两分钟就开始冒汗，头发很快也湿了，开始念叨："热，热，闹闹热！"我说："那咱们把羽绒服脱掉吧？脱掉就不热了。"谁知她一摇头，说："不脱，闹闹不脱。"虽然我有点担心她会中暑，但想想也才几分钟，应该不会，我随时观察，多让她喝水，于是告诉她："好的，那等你想脱的时候告诉妈妈。"又过了不到 3 分钟，她就过来让我帮她把羽绒服和棉鞋全都脱掉了。

在这样的情况下，我相信孩子对身体的感觉，相信她如果真的觉得热，她愿意脱的时候，自然会表达。如果我坚持按照我认为的"这种天气不能穿羽绒服和棉鞋"的想法强制她脱掉，只会让她大哭一场，觉得不得不听妈妈的话，产生强烈的无力感。这个年龄阶段的孩子，开始萌生自我意识，需要对与自己有关的事情有所掌控。假设我是她，我会希望妈妈尊重我的选择，由我来做决定，而不是强制我服从。尊重的理念贯穿在生活中的各种小事上，最终串联起的就是孩子被尊重的感觉。

（2）尊重孩子的发展规律和个性，不做无谓的比较

孩子的发展存在共性，也存在差异。孩子的出生、成长一般会遵循一定的发展规律，会按照一定的时间顺序发展，例如，大多数孩子都会经历先翻身，再坐，再爬，再走的过程。然而，发展规律只是大概率事件，不能反映每个孩子的个性化成长过程，而发展的时间轴往往指的是某个区间，而不是某个点。

例如，按照婴幼儿发展量表来看，孩子在 9 个月到两岁半之间能够说话都属于正常发展状态。同样，孩子的先天气质、个性、天赋等方面的差异较大。例如，有的孩子先天气质属于容易型，看起来很乖巧，养育过程很省心，属于家长们常常羡慕不已的天使宝宝；有的则是困难型气质，需求较高，哭闹较多，养育过程就很难。有的孩子个性内向安静，更喜欢独处和小范围的深度交往，有的个性活泼外向，喜欢人群和外露的表达；有的对数字更敏感，有的则对图片和色彩更敏感。

　　了解孩子的成长发展规律及个体差异，你就不会因为隔壁家孩子 1 岁就会说话而去担心自己家孩子怎么 1 岁 3 个月了还不会说话；不会因为同事家孩子在妈妈去上班时不哭不闹不黏人，而去训斥自己的孩子怎么这么黏人，苦恼不已，因为你会明白孩子的分离焦虑不是问题，恰恰是孩子面对分离时正常和简单的反应。

　　父母理解和尊重孩子的个性和先天特质，就不会拿自己的孩子与其他孩子做无谓的比较，而是接纳孩子本身，采取更有针对性的养育方式。因为你知道，你的孩子安静内敛，需要的是父母更多的关注、鼓励和接纳，而不希望被迫被推到人群中社交；你也会知道，内向的个性并不代表社交失败和人生失败。

　　这些知识可以帮助我们在养育孩子时更有自信和底气，不容易被裹挟在焦虑的氛围之中。而儿童发展心理学研究的就是儿童出生之后的发展过程和发展规律，建议父母们都读一读相关的书籍，如凯瑟琳·史塔生·伯格尔（Kathleen Stassen Berger）的《0 ~ 12 岁儿童发展心理学》（*The Developing Person*）和《伯克毕生发展心理学》（*Development Through the Lifespan*），这两本书都有助于父母了解孩子各阶段在生理、认知和社会性发展等方面的特点，从源头上理解孩子，建立儿童发展的整体观。

　　需要注意的是，**儿童发展的知识只能作为参考，真正重要的**

是孩子成长过程中的实践。不要刻板地理解儿童发展的规律，不能因为孩子某一阶段的发展情况不符合书上的规律就担心孩子是不是出了什么问题，而是要着眼于孩子本身。我们是在养育一个独一无二的孩子，而不是照着书本抚养一个标准化的孩子。

（3）敢于认错

每个人都会犯错，父母也不例外。但认错很难，想想作为成年人，我们在需要认错的时候要做多少心理建设，甚至有宁愿失去一段关系也不愿意认错的情况就能明白了。在家庭中，父母对孩子认错尤为少见，原因可能很多，最常见的是父母觉得认错道歉是丢脸的行为，有失大人的威严，或者觉得自己没必要向孩子认错，因为即便不认错，孩子似乎也不能怎么样。这样的心态和行为反映的恰恰是对孩子的不尊重，看起来孩子确实也不能对父母怎么样，但却可能破坏孩子对父母的信任，最终伤及亲子关系。

我的一位大学生来访者在说到自己的父母时曾经大哭着说："他们做了那么多不对的事情，也明明知道自己是错的，却不肯承认，还非要说是为了我好，甚至说是我的错。""我这辈子都不能原谅他们，我觉得这辈子都等不来他们的道歉了。"作为一个刚刚成年的年轻人，这番话说得可能有些极端，但是内心的愤怒与委屈真实而强烈，这样一种情绪间隔在她和父母之间，让她觉得自己与父母无法真正亲近。

父母向孩子认错，并不会失去孩子的信任，而是把孩子当成成人对待，孩子感受到的是被尊重、被理解，这是一种来自父母的平等的爱，会让孩子对父母有更深的尊重和爱。同时，这么做也是在向孩子示范一种负责任、敢于担当的态度。

需要注意的是，向孩子认错并不只是嘴上说说而已，而是要言行一致，真实地表达歉意，并且不要把道歉作为变相指责孩子或者提出要求的手段。我听过很多家长对孩子说："妈妈错了，不该误解你，但你也有问题啊，要不是你总是犯同样的错误，我也不会这么对待你，你要是听话，妈妈也不会这样说你了啊。"看起来父母似乎是在道歉，但是实际上话里句句都在指责，这会让孩子觉得父母是在为自己的行为找借口，并不是在真正地认错。

在美剧《我们这一天》（*This is us*）中，有一幕堪称父母对孩子认错的经典场景。主人公杰克和丽贝卡夫妻俩有三个孩子，在一次全家去游泳时，女儿凯特因体重被其他女孩歧视和排斥，养子兰德尔跑去与同他有着一样黝黑肤色的小孩玩耍，因此夫妻俩没能关注到差点溺水的儿子凯文。凯文生气地表达了愤怒，控诉父母没有关注自己，自己差点死了。作为父亲的杰克马上跟儿子道歉说："对不起，儿子，我应该看着你的，而且我也承诺要照顾你们。我知道我是个成年人，比你大很多，但这是我第一次做爸爸，人生中第一次做爸爸，我有你们三个孩子，我在努力地学习照顾你们。我答应你，以后一定会照看着你，好吗？"凯文听到爸爸这么说，情绪平缓了很多。杰克接着说："可以给爸爸一个拥抱吗？""爸爸能听你说一句我爱你吗？"父亲的认错让凯文得到了充分的情感抚慰，父子俩重归于好。

本章小结

1. 父母不尊重孩子的表现如下：

（1）当面评价孩子，并且经常是负面的甚至是羞辱性评价；

（2）随意给孩子贴标签；

（3）用伤害性的语言和行为威胁恐吓孩子；

（4）与其他孩子攀比。

2. 父母要放下权威姿态，树立尊重孩子的理念：把孩子当成有独立意志、想法和感受的个体，尊重其个性和发展特点，尊重其感受、想法和选择。父母不想要的、不想做的、不喜欢的，不要强加到孩子身上；自己想要的、想做的、喜欢的，也不要强加到孩子身上。

3. 推己及人，换位思考。父母与孩子相处时，可以时常问自己这样两个问题：如果别人像我对待孩子这样对待我，我会舒服吗？如果这不

是我的孩子，而是我的朋友、同事，我会这样对待他吗？

4. 父母要尊重孩子的发展规律和个性，不做无谓的比较：父母理解和尊重孩子的个性和先天特质，就不会拿自己的孩子与其他孩子做比较了，而是会接纳孩子本身，采取更有针对性的养育方式。

5. 敢于认错：父母向孩子认错，并不会因此失去孩子的信任，而是在把孩子当成成年人对待，孩子感受到的是被尊重、被理解，这是一种来自父母的平等的爱，会让孩子对父母有更深的尊重和爱。同时，这也是在向孩子示范一种负责任、敢于担当的态度。

第 9 章

接纳力

● 接纳且不批判的父母让孩子在试错中保持探索欲。

　　我曾经接待过一位女性来访者，她成长中的每个
阶段几乎都充斥着"否定"两个字。小时候她
不爱说话，父母带她出门会亲访友让她跟人打招呼，
她不说话，父母就会训斥她"不懂事，没礼貌"，一
定要她打完招呼才肯罢休，为的是"不纵容这个坏毛

病"；中学时，父母离婚，她情绪低落，经常心不在焉，开始逃学，之后被班主任发现告诉了她的母亲，母亲呵斥她："你这孩子，为什么这么脆弱？我怕你受苦，才坚持离婚带着你，你就这么不争气，不好好学习。"

工作之后，她在人际关系上不太适应，经常被排挤，跟母亲倾诉，母亲却说："这么在意别人的看法干吗？干好你自己的活儿拿到工资不就行了！"她逐渐出现严重的情绪问题和强迫症状，去医院做诊断后，母亲为此哭得很伤心："含辛茹苦把你养大，你怎么能得这种病呢？以后我要指望谁。"只要她不高兴，母亲就开始焦虑，问她："你是不是又那样了？"（指强迫型症状）所以她在母亲面前总是表现得高高兴兴，似乎什么烦恼都没有，甚至做心理咨询这件事都不能告诉家里人，因为害怕家人不能接受。

从这些描述中可以看到，这个女孩在成长过程中几乎没有被充分地接纳过。不想做的事情，不符合她个性的事情，却被父母逼着去做；难过、不开心却被看作脆弱和不懂事；遇到困难和挫折，不仅得不到理解和倾听，反而会被指责；有了心理问题需要求助，却因为家人对心理疾病的误解和歪曲而只能埋在心里，独自承受着巨大的压力。她说妈妈想要的是一个理想的女儿，要懂事、体贴、上进、大方、学习成绩好。她不是妈妈想要的那种孩子，她的出生似乎就是一个错误、一个负担，是她耽误了妈妈的一生。作为一个不被接纳的孩子，她在内心深处完全否定了自己的价值，并因此出现焦虑、抑郁、强迫、失眠等一系列的症状。

父母不接纳孩子的表现

大部分家庭可能没有这个案例那么极端，但不接纳孩子的情况普遍存在。

1. 不接纳孩子的个性

对于相对内向的孩子，家长会表现得很担心，在游乐场里，不让孩子自己玩儿，而是催着孩子去找其他小朋友，"你去找其他小朋友玩儿啊！""你可以主动打招呼，跟他们交朋友啊！""你可以邀请他们来家里啊！"**这些行为体现出父母的担心，却也体现出父母对孩子内向个性的不接纳。**

2. 不接纳孩子的兴趣

对于报兴趣班这件事，很多孩子喜欢画画和拼乐高，但是父母觉得这些东西学了也都没什么用，硬是让孩子学奥数和英语，若孩子没兴趣学，成绩不见起色，为了让孩子好好听课，父母便苦口婆心，或训斥诱惑。**父母觉得这么做是为了孩子好，体现出的却是对孩子的兴趣和选择的不尊重、不接受。**

3. 不接纳孩子的需求与发展规律

孩子不愿意把食物和玩具分享给其他小朋友，父母觉得孩子的这种行为让自己在朋友面前没面子，便训斥孩子自私、不礼貌，甚至强迫孩子把东西送人。**这其实是父母不理解孩子发展过程中的"物权意识"，给孩子贴上了错误的标签，不能真正地接纳孩子的发展规律和需求。**

如何接纳

真正的接纳是接纳孩子本身，把他当作一个独一无二的个体对待，是："我爱你，如你所是。"无条件的接纳传达的是爱，而父母的否定和不接纳让孩子感受到的是不理解、不尊重和不爱。

父母的接纳是孩子自我接纳的基础。一个无法接纳自己的孩子，会像前面例子的主人公一样，不认可自身的存在价值，产生严重的心理问题，甚至可能会出现厌世心态。

以下四点会帮助我们提升自己对孩子的接纳能力。

1. 掌握孩子的发展规律

在本书的不同章节中，我都多次提到了家长要了解孩子成长发展的规律，了解他们在不同阶段的生理、认知、情绪、社会性等方面的发展特点，这是养育孩子的前提。对孩子的不接纳在很多情况下是由于父母对孩子成长与发展规律的不了解或者误解。

例如，很多家长都担心"分离焦虑"，这里要强调的是，分离焦虑只是一个现象，不代表孩子有问题。正常范围内的分离焦虑是一个好现象，说明孩子与父母建立了较好的依恋关系。因为与父母分开而哭泣、抗拒，因为进入陌生的环境、见到陌生的人而紧张和恐惧，这些是孩子面对分离时正常的情绪和行为反应。如果家长了解了这些，就不会给孩子贴上"适应能力不行、太脆弱、胆小、黏人、不省心"等标签，而是能够理解和接纳孩子，给予孩子耐心的安抚和陪伴，告诉孩子自己的去向，提前做好应对工作。

如果我们对孩子的发展规律和发展特点有更多的了解，就能更好地理解孩子的表现（不仅限于分离焦虑），这有助于我们接纳孩子，以积极的心态养育孩子。

2. 看到孩子行为背后的心理需求

我曾经接触过一个案例。一个二年级的男孩在学校里总是挑战老师，上课时大声说话，不听劝阻，跟同学打架，拽女同学的辫子。家长总是被请到学校里"接受训话"。回家后，父母总是对孩子各种劝说、讲道理并许以物质或者游玩奖励。但好景不长，这个男孩之后仍经常因为类似的行为被请家长。后来父母带他来做心理咨询，结果发现，孩子不是在捣乱而是在"拯救"家庭。男孩的父母感情不和，经常激烈地争吵，甚至打算离婚，只是顾忌孩子，还未实施。孩子发现，每当他"有状况"时，父母不仅不会吵架，还会在一起商量怎么办，一起对他讲道理，还不得不按照许诺带他一起出去玩儿。对孩子来说，请家长似乎成了让爸爸妈妈和好的方式，所以他不断地重复这一行为。

在日常养育中，随着孩子的成长，会展现出越来越多的复杂情绪，如愤怒、恐惧、嫉妒、失望等，各种情绪会伴随着一系列的行为和语言表现。这些情绪和情绪化反应的背后往往有一些未被看到和未被满足的心理需求。例如，大宝故意打小宝，故意黏着妈妈，可能是因为妈妈花了太多的时间在照顾小宝，而忽略了大宝，他只是想引起妈妈的注意；弟弟故意把哥哥的画撕掉可能是因为自己没有哥哥画得好，所以担心自己会失去父母的爱，等等。这需要家长多一些耐心，不要因为这些行为就给孩子贴上"不听话""不懂事""没礼貌"的标签，而是要了解和接纳孩子，看到孩子的内心需求，这会让孩子感受到自己被理解、被珍视，真正地被接纳。所有的教育和引导行为都要在这个基础上进行才可能会有效果。

还有一些看起来非常听话的孩子，父母很少会关注，因为觉得孩子并不需要。但不表达需求不代表没有需求。孩子可能只是不会或者不敢表达出来，如果情绪和内心冲突压抑在心里，随着情绪不断地发酵、放大，可能会造成严重的心理问题。**所以越是看起来乖的孩子，越需要父母警惕和关注。**

3. 父母要自我接纳

沙法丽·萨巴瑞（Shefali Tsabary）在《父母的觉醒》（*The*

Conscious Parent）一书中写道："**如果我们在彻底接纳孩子的问题上有什么困扰，那么问题的源头一定是我们过去的经历。身为父母，如果我们不能全面接纳最真实的自己，那么我们也就永远无法接纳我们的孩子。接纳孩子与接纳自己是紧密相连的。**"

父母首先是人，其次才是"父母"这种角色。父母的自我接纳从接纳"自己作为一个人肯定有所局限"开始，我们可能并不是那么聪明、那么美丽、那么游刃有余，我们可能有很多知识不了解，很多技能未掌握，很多事情不知道该怎么做。我们可能也会发脾气，我们也会有自私甚至阴暗的一面。作为一个人，作为一个普通人，我们也有自己的需求，我们也想要休息、想要社交、想要自我满足。这些需求可能并不会因为孩子的出现而消失，只是在需求的满足上，作为父母做了优先级的排序。

接受自己的真实样子和真实需求，接受自己的局限，我们才能接受孩子的真实样子和真实需求，接受孩子有其自身的局限性，才能意识到孩子不是父母的替代品而是有着其自身的独特性，也才不会将自己的需求投射到孩子身上，不会逼着孩子去实现我们未能实现的东西，不会逼着孩子做到我们未能做到的事情，才能真正接受孩子的本来面目和人生目的，不会对孩子有过多苛求，最终与孩子建立起真正的亲密关系。**接纳自己是作为人最重要的议题之一，接纳孩子是作为父母最重要的议题之一。**

4. 把孩子和孩子的行为区分开

接纳孩子，不是溺爱，不是对孩子某些不好的行为、习惯坐视不理，父母需要用科学、有效的方法引导孩子建立良好的习惯，遵守规则和秩序，修正不良的行为。

例如，孩子因为妈妈没有买他最喜欢的冰激凌就躺在地上哭闹，父母接纳孩子并不是就此妥协去买冰激凌给他，而是耐心地安抚他并与他共情，一方面父母可以说："妈妈知道你很想吃那个冰激凌，吃不到你会很不开心。"这样说可以表达对他的理解；另一方面，父母也要明确规则，"昨天你一直拉肚子，咱们说好了这一周都不吃冰激凌，你还记得吗？"另外，父母可以根据孩子的情况给予其适当的许诺，"等你肚子好了，如果下周不拉肚子了，妈妈可以给你买一个小的冰激凌。"当然，许诺了就一定要践行诺言，否则不要承诺。在这个过程中，孩子的一些反应可能会反复出现，需要家长坚定而耐心地表达和坚持。

因此接纳孩子，要把孩子和孩子的行为及外在的表现区分开。我们接纳的是孩子本身，接纳的是孩子最真实的状态和需求。当孩子感受到这一点时他们会感受到："我可能成绩不够好，我可能脾气有点暴，我可能不完美，有缺点和不足，但是爸爸妈妈依然爱我。"这种无条件的爱和接纳，是他们安全感的来源。

本章小结

1. 真正的接纳是接纳孩子本身，把他当作一个独一无二的个体对待，是"我爱你，如你所是"。无条件的接纳传达的是爱，而父母的否定和不接纳让孩子感受到的是不理解、不尊重和不被爱。父母的接纳是孩子自我接纳的基础，一个无法接纳自己的孩子，往往难以认可自身的存在价值，可能会产生严重的心理问题甚至出现厌世心态。

2. 父母要掌握孩子的发展规律。了解孩子成长与发展的规律，了解他们在不同阶段的生理、认知、情绪、社会性等方面的发展特点，这是养育孩子的前提。掌握孩子的发展规律有助于父母理解孩子的表现，并且以积极的心态养育孩子。

3. 父母要看到孩子行为背后的心理需求。日常养育中，随着成长，孩子会展现出越来越多的

复杂情绪，如愤怒、恐惧、嫉妒、失望等，各种情绪会伴随着一系列的行为和语言表现。这些情绪和情绪化反应的背后往往有着一些未被看到和未被满足的心理需求。平日看起来非常听话的孩子此时更需要父母给予其特别关注。

4. 父母要自我接纳。父母只有先做到自我接纳，才能做到接纳孩子。接纳自己是作为人最重要的议题之一，接纳孩子是作为父母最重要的议题之一。

5. 把孩子和孩子的行为区分开。接纳孩子，不是溺爱，不是对孩子的某些不好的行为、习惯坐视不理，父母需要用科学、有效的方法引导孩子建立良好的习惯，遵守规则和秩序，修正不良的行为。

第 10 章

信任力

● 敢于信任的父母让孩子最大程度地释放天赋潜能。

信任的力量有多大

我先跟大家介绍一个心理学实验。美国的心理学家罗伯特·罗森塔尔（Robert Rosenthal）和他的同事来到一所小学，对 18 个班的学生做了一些能力、学业、社交方面的测试，之后给校长提交了一份名单，说这个名单上的学生是经过测试后选出来的最有发展前途的学生，但罗森塔尔让校长和老师保密，不要告诉这些学生。结果，一年之后，罗森塔尔再对这些学生进行测试时，发现这些名单上的学生的成绩和其他方面都有了非常大的进步，并且性格活泼、开朗、自信，求知欲很强。

罗森塔尔大吃一惊，因为这个名单其实是他们随便拟定出来的，很多学生原本的学习成绩、社交情况都比较差，智商水平也一般，并且缺乏自信。为什么会这样呢？这主要是因为校长和老师真的相信这些孩子是有发展前景的，即便他们现在成绩不好，表现不好，也认为这只不过是暂时的，并且继续以更大的信任和耐心对待他们，帮助他们。学生们虽然不知道原因，但是他们感受到了老师的信任和关爱，也变得积极和自信起来。这种现象在心理学上被称为"罗森塔尔效应"。

罗森塔尔效应充分证明了信任的力量。**信任力即信任孩子的能力**。作为父母，我们要如何提升自己信任孩子的能力？以下是四方面建议。

摒弃"为你好"的心态，将决定权交还孩子

打着"为你好"的幌子，实则控制、干涉孩子的日常活动、学习、工作等行为，在本质上是一种不尊重孩子、不信任孩子的做法。

我曾经听过一个悲伤的故事。这个故事的主角叫晓蛮。晓蛮是妈妈的独生女，在晓蛮还没有出生的时候，她的妈妈就给她规划了一条非常完整的人生道路。晓蛮妈妈的预产期原本在 9 月份之后，但是为了让女儿能够早一年上学，这个妈妈特意选择了一个好日子剖腹产，让晓蛮提前出生了。

在晓蛮 1 岁半的时候，妈妈送她去了托儿所，目的是让她尽快适应集体生活；3 岁时，晓蛮开始上各种辅导班，每天的安排都是满满的，甚至精确到了每一分钟。她什么家务都不需要做，只要好好学习，练习特长，参加考试、竞赛拿到好成绩。她反抗、调皮、不听话时，妈妈会打她，会骂她，然后抱着她哭，说自己为她付出这么多，就是希望她能够有个好的未来，过得比别人好。于是她放弃了所有的快乐，专注在学

习上。

晓蛮刚上大学时，这个妈妈在她的宿舍里住了半年，给她洗袜子、洗衣服，去餐厅打好饭带回宿舍让女儿吃，不舍得女儿花费一点点时间浪费在生活中的小事上。晓蛮确实很有才华，弹钢琴、绘画、下棋、读书都很好，但她很不快乐。同学跟她聊天说很羡慕她有这么多才能，懂的东西也多；她则苦笑着说："我宁愿什么都不会，童年能像其他人一样在玩耍中度过，至少曾经有过快乐。"当时的她，上课、下课、去食堂吃饭、每天看看书，从不参加学校里的活动，也不跟同学们一起嬉闹玩乐，没什么朋友。毕业后，她按照妈妈的意愿回了老家，家里已经给她安排好了工作。她进了一家很体面又清闲的事业单位。她在妈妈的安排下相亲、结婚，有了两个孩子后因为老公出轨离婚。之后，她的妈妈又开始为她物色新的老公。再后来，听说她带着最小的孩子自杀了。

大部分家长或许没有晓蛮妈妈那么极端，但打着为孩子好的名义控制和干涉孩子的不在少数，例如，在孩子小时候，不顾孩子的个性、兴趣和发展特点，给孩子安排一系列的学习和社交任务；孩子长大了，又催着孩子相亲、结婚、生孩子，给孩子安排工作，要求孩子毕业后回自己身边生活，干涉孩子的家庭生活等。这些控制和干涉本质上就是一种不信任，这类父母不相信孩子可以过好自己的人生，不相信孩子有能力应对当下的任务。这种不信任带来的无能为力感和控制感会深刻而持久地影响孩子的自信心和自我效能感。**自我效能感**是美国心理学家阿尔伯特·班杜拉（Albert Bandura）提出来的一个心理学概念，**指的是一个人对自己实现特定领域行为目标所需要的能力的信心和信念。这决定了一个人是否相信自己能够做成某件事，达成某些目标，对于社会适应和取得社会成就有着直接影响。**

　　无论父母多想保护孩子，多想让孩子在自己的羽翼下平安幸福地度过一生，但人生中的议题是无法逃开的，最终他们还是要走自己的路，过自己的人生。哪怕这个人生看起来没有那么光鲜，没有那么顺畅，但是自己掌控自己命运的自由和幸福是其他东西无法替代的。这也是提升信任力最根本的理念所在。

要信任，不放任

　　信任很重要的一点是放手，即放下对孩子各种不合理的限制，在适当的范围内给孩子充分的自由和自主权，尝试自己的事情自己做，学会自我负责。我在下一章会对放手进行详细阐述。

关于信任孩子，我经常听到一些家长抱怨："我们信任孩子，孩子却糊弄我们，我们还能再信任他吗？"信任孩子是一种态度、一种教育孩子的信念。我们不是因为孩子做出了某个好的行为就信任他，因为孩子犯了某个错误就不信任他，而是无论在任何时候我们都相信他。但信任不代表放任，父母要在评估了具体情况后给予孩子一定的帮助和指导。

陈忻老师曾经分析过一个案例，学校让家长检查孩子作业后签字，个案的父母信任孩子，让他自己检查，结果他却根本没检查，作业中有好多错误，甚至有一些题都没做完，这对父母就再也不敢信任孩子了。对于这个个案，一方面，我们需要看孩子处在什么认知阶段，孩子能不能检查出错误，孩子是不是知道自己检查作业意味着什么。不符合孩子发展阶段却硬要孩子自己负责，这不是信任，这是放任。另一方面，我们也要看父母是否跟孩子建立了安全的包容关系。孩子是否是因为害怕被责备而不敢说实话，而非有意欺骗，这些都是要具体问题具体分析的。任何一种理念和方法都不要机械地去用，一定要结合实际。

不要带着成人的预设去揣测孩子

　　信任孩子同样表现在与孩子的相处中，不要先入为主、带着成人的预设去揣测孩子，而是要倾听孩子的想法，与孩子沟通。如果父母觉得自己有必要强调规则和做事方式，可以进行引导，而不是采用让孩子羞耻和愤怒的方式表达。

　　很多家长会说，我自己的孩子，我还能不相信他吗？在实际的相处中，父母的言行、表达方式却经常透露出对孩子的不信任。

　　曾有个妈妈就关于孩子逃学的话题咨询我，其中有个细节让我印象非常深刻。这个孩子平常比较调皮，爱玩儿。有一次孩子早早放学回家，妈妈问："你怎么这么早回来了？你是不是逃课了？看我不揍你！"孩子生气地大哭，后来她才知道这天学校维修而提前两个小时放了学。这类问题充斥在这个妈妈与她的孩子的很多相处过程中，有时孩子放学晚了回家，妈妈会说："你又在学校贪玩了是不是？回来那么晚，就知道玩儿！"其实孩子是因为和同学们一起在学校做作业才回来晚了而已。在长期这种不信任的沟通中，孩子

> 慢慢变得叛逆，不愿意跟父母说实话，也不愿意上学，逃学的情况越来越多。
>
> 小时候，我也遇到过类似的情况。初中时，我特别喜欢我的英语老师，她对我特别有耐心。有一次家里做了炸豌豆，我就带了一些给这个老师吃，结果被妈妈发现了，嘲笑了一番，说我这么小就知道讨好老师，也不怕被别人笑话。当时我感觉自己受到了很大的侮辱，非常委屈，哭了很久。

对于这个男孩的妈妈和我的妈妈来说，她们不是不爱孩子，但是由于她们习惯化的思考方式和表达方式，把成年人的一些世故想法代入了对孩子的评价中，让孩子感受到的是不被理解、不被尊重和不被信任，从而伤害了孩子的感情，也伤害了亲子关系。

接纳孩子会犯错这件事，引导孩子承担责任

无论父母是否接受，孩子在成长过程中都不可能不犯错，这

是一个必然规律。重要的是父母面对孩子犯错时的态度和行动，这展现了父母对孩子的信任。

> 曾有一个来访者来我这里做咨询，我与她的一个重要议题是如何面对犯错。她说，小时候只要考试没考好，父亲就会把她打一顿，让她记住要好好学习；不小心把被子弄到地上，妈妈会大声呵斥她，说她笨，什么都干不好。即便是一件小事，她也会遭到父母严厉的指责和训斥。所以她一直很怕犯错，因为犯错意味着被呵斥，被否定，甚至意味着大难临头。工作之后，她也是小心翼翼，非常怕自己做错什么事情，犯错误时她会非常紧张无措，常觉得自己的职场之路就此完蛋了。在理性层面上，她也知道没那么严重。但是对于犯错的担心以及由此引发的情绪已经深入到她的思维习惯中，会引发她直接的生理反应，如紧张、心慌、哭泣、口干舌燥等。在不被允许犯错的环境中长大的她，在成年后的工作、婚姻中遇到了一系列问题。

孩子犯了错，他自己其实能意识到。他们本身就处在紧张、羞愧的情绪之中，如果父母对此再大发雷霆，只会让孩子的负面情绪变得更加激烈，并且接收到"不可以犯错"的信息反而会导致其忽略当下的错误。因此，面对犯错的孩子，父母**首先**要冷静下来，了解具体发生了什么事情，倾听孩子的想法和感受，共情和安抚孩子。**其次，**在处理了情绪之后，再跟孩子讨论到底是什么原因导致了当下的结果，和孩子一起分析，有哪些可行的替代方案可以解决当下的问题，避免下次再犯。**最后，**要孩子为自己的错误负责。这里的负责不是要把孩子骂一顿或者打一顿，而是承认犯错的结果，例如，向当事人道歉、弥补损失、采取补救措施等。

心理学家爱利克·埃里克森（Erik Erikson）认为，孩子在每个阶段都有要重点完成的发展任务，父母要帮助他们培养对应的心理品质。其中 0 到 1 岁是孩子对父母建立基本信任的阶段，当他们可以信任父母时，他们就获得了对这个世界的基本的信任感，由此孩子就能够拥有"希望"这个品质，会对自己有信心，有希望，敢于冒险，敢于探索。**孩子对父母的信任建立在父母对孩子的信任之上，父母需要先信任孩子。**

本章小结

1. 罗森塔尔效应充分证明了信任对于孩子的认知和社会发展有着强大的促进作用。信任力即信任孩子的能力。

2. 父母要摒弃"为你好"的心态,将决定权交还给孩子,这是提升信任力的最根本的理念。

3. 要信任,不放任。信任很重要的体现是放手,即放下对孩子的各种不合理的限制,在适当范围内给孩子充分的自由和自主权,尝试自己的事情自己做,学会自我负责。

4. 父母不要带着成人的预设去揣测孩子。信任孩子同样表现在与孩子的相处中,不要先入为主、带着成人的预设揣测孩子,而是要倾听孩子,与孩子沟通。如果父母觉得自己有必要强调规则和做事方式,可以进行引导,而不是采用让

孩子羞耻和愤怒的方式去表达。

5. 接纳孩子会犯错这件事，引导孩子承担责任。无论父母是否接受，孩子在成长过程中都不可能不犯错，这是一个必然的规律。重要的是父母面对孩子犯错时的态度和行动，这展现了父母对孩子的信任。

第 11 章

放手力

● "狠心"不控制的父母让孩子拥有独立自主的人生。

放手是指放开对孩子的不合理的限制，在适当范围内给孩子充分的自由和自主权。放手是信任的体现，父母只有充分地信任孩子，才能够学会放手，因此放手的前提是上一章节所讲的对孩子的充分信任。

埃里克森认为，1 岁半到 3 岁之间是孩子自我意识发展的阶段，他们会表达自己的意愿、反抗父母的安排，坚持按照自己的方式吃饭、玩耍、排便，如果发展较好，孩子就会形成"意志"这种心理品质，也就是能够克服内心的羞怯或者怀疑心理，坚定地进行选择并自我克制。如果父母一味地干预、包办，就会损害孩子的自我控制能力，让孩子产生羞怯、自我怀疑的心态。独立意识和自主性对于孩子的人格和心理发展非常重要。父母的放手能力对于孩子的独立意识和自主性的培养会造成直接影响。

全世界都普遍存在过度养育的情况。生活在北京，作为一个 2 岁孩子的母亲，我深切而直观地感受着强烈的育儿焦虑，大家都在焦虑如何避免孩子受伤、避免孩子生病、避免让孩子遭遇校园霸凌，如何让孩子学到更多的知识和技能，如何不输在起跑线上。也因此，我们帮助孩子、指导孩子，尽已所能隔离开不安全的因素，甚至事事代劳或者为孩子的一言一行忧心忡忡。孩子在成长过程中没有机会培养独立意识和自主性，这些又直接影响了孩子的人格发展和成年后的生活。即便孩子们在学业上取得了成功，若没有独立和坚韧的人格，成功则很难持久。独立意识和自主性不可能在孩子成年后凭空出现，而是要父母从其出生起就去引导和培养。

朱莉·利思科特 - 海姆斯（Julie Lythcott-Haims）在《如何让孩子成年又成人》（*How to Raise an Adult*）中详细讨论了美国

社会的过度养育现象。她说："童年应该是训练场。父母帮助孩子的方式不是寸步不离，事事代劳，或者通过手机遥控指挥，而是要闪到一旁，让孩子自己想办法解决。"每个家长都需要了解如何帮助孩子培养独立意识和自主性。婴幼儿阶段，最能体现父母的放手能力，也是最能锻炼孩子自主能力的事情就是吃饭这件事。

放手从最简单的吃饭开始

一般情况下，母乳宝宝从 6 个月开始就可以逐渐添加辅食，1 岁之后就要正经一日三餐。我们会看到，一些孩子在 1 岁多就可以自主进食，并且对食物感兴趣，不抗拒；有些孩子到三四岁还需要家长在屁股后面追着喂饭，家长累得半死，孩子还不爱吃饭，为什么会有这么大的区别？

在很多家庭中，孩子最开始学吃饭的时候是这种场景：孩子坐在宝宝餐椅上，系好安全带，食物和餐具放在桌面上，孩子会很自然地用手去抓，家长一只手抓着孩子的两只手，不让孩子乱动，另一只手往孩子嘴里一勺勺喂饭。孩子会挣扎，会吵闹，家长就会以更大的力气抓住孩子，还会伴随数落和指责的语言：

"哎，宝宝别乱动，听话，别动啊，再动我生气了啊，哎，你这孩子，怎么这么不听话，乖，来，吃一口。"等孩子长大一些，完全可以自己吃饭时，家长还在后面追着，举着碗筷，在孩子看动画片或者玩玩具的时候填一口饭到孩子嘴里，并且说："怎么吃这么点儿？再吃一点儿。"孩子说吃饱了时，家长又说："这么点儿能饱吗？乖，把这个吃了。"想象这些场景，体会一下孩子会有什么感受？

孩子对食物有着天然的热爱，喜欢吃东西是天性。但如果在需要感受食物，学习自主进食的时候，家长却控制着孩子的身体，限制孩子对食物的探索，让孩子被动接受家长的喂食，甚至伴有呵斥、辱骂的行为，这会让孩子把不愉悦的感受与吃饭建立起条件反射，对他们来说，吃饭就变成了被控制的、不自由与不舒服的事情，不喜欢吃饭，逃避吃饭或者吃饭时不专心几乎就是必然结果。

孩子不喜欢吃饭，逃避吃饭，针对的并不是吃饭和食物本身，而是父母的控制和不信任。对于这种不被信任及被控制的感觉，**一方面**，会让孩子放弃尝试的努力，因为他们知道，无论我怎么做，大人还是会抓着我的手不让我自己尝试，尝试是没有用的，这会让孩子产生一种无力感，从而放弃努力和探索；**另一方面，**会损害孩子的控制感和能力感，孩子会觉得自己无法控制周围的环境或事物，也体验不到做好某件事的成就感。如果这种感觉在孩子的成长过程中长期存在，则会融合到其人格发展中，让孩子变得不自信，并且缺乏力量感和安全感。

其实父母还可以有另外的选择，那就是选择适度放手。我想分享自己的直接体验给大家。从女儿 6 个月开始吃辅食起，我会喂她，但会任由她随便抓，她的手上、脸上、衣服上经常全都是米糊，包括我身上也会被粘上米粉，一碗米粉吃到她肚子里的也就不到 1/3。不过这没关系，我重新做一碗就好了。吃菜和吃饭也是如此，每次我都会留出多余的量。从开始吃辅食到现在一年的时间里，我女儿摔碎了 4 个陶瓷碗，摔了 2 个陶瓷勺子，摔裂了 2 个木碗，还摔了无数次表面已经坑坑洼洼的 3 个塑料碗，即便是穿了围嘴，一顿饭也至少要换一次衣服，尤其是需要喝粥喝汤的时候，可能要换两三次衣服。除了身上，桌子上、地上、墙上几乎都会被溅上汤汁、菜汁，饭后清理、擦洗确实很麻烦。但是我们从来没有责怪她，而是会鼓励她尝试，同时也会引导她体验手里的食物，例如，"你抓这个土豆是什么感觉啊，这个你试试，这是温的，这个是凉的。"女儿 1 岁 3 个月时，除了筷子使用得还不利索外，已经可以用勺子和叉子自如地吃饭了。最重要的是她对食物很有兴趣，发自内心地喜欢吃饭，因为她在这件事情上没有感受到被控制，她是自主的、自由的。

我始终坚信孩子是有着独立意志和需求的个体，只不过因为年龄小，还没有足够的身体机能、认知能力去照顾自己或表达诉求，她需要的是我的帮助，但绝对不是控制。所以放手贯穿在我跟孩子相处的很多细节里。例如，晚上洗脸之后，女儿看我在抹面霜，自己也要抹，我打开面霜让她抓，她会学我的样子帮我抹，或者抹她自己脸上，她看我梳头就要拿梳子帮我梳，虽然只是很简单地一下一下地从头顶向下梳，经常把我的头发全梳在前面，盖住脸变成了"贞子"，但也没关系，用手拨开就是了；洗脚的时候她会学着大人的样子，自己洗袜子，有时候搓十几分钟都不停，弄得裤子、袖子全都湿了，我们就在旁边等着，任由她洗，洗完再换。这些只不过需要大人多一些耐心，可能会比较累，但是换来的是孩子不被限制的好奇心、模仿和探索的欲望，这很值得。

建议年轻的家长们从孩子吃饭开始练习放手，培养孩子的自主意识和效能感。孩子已经大了的家长也无须着急，练习放手什么时候都不晚。**生活中有很多场景可以帮助孩子发展独立意识和自主性，例如，让孩子练习做选择，自己的事情自己做，学会自我负责，在能力范围内学习承担责任。**

教导孩子做选择

　　孩子在生活中处处都面临着选择，穿什么衣服、吃什么东西、去哪里玩，跟谁玩，玩哪些玩具，生日怎么过，选什么样的礼物，所有这些都需要做选择、做决定。这些有关孩子的决策由谁来做，怎么做，谁来落实，对此家长们的态度和处理方式差异较大，带来的影响自然也不同。

　　有些家长认为孩子什么也不懂，不需要问他们的意见，按照自己的方式更加省时省力，就算是孩子不同意，顶多哭闹一阵，不会有什么严重的后果。但这样就剥夺了孩子做选择、做决定、学习自我负责的机会。孩子会形成依赖心理和听话意识，小时候依赖父母，听父母的，长大了表现为听老师、同学、上司或配偶的，这种依赖性的行为和心态会让孩子在人际关系、学业、工作、生活上遭遇一系列的问题。前几年一对 12 岁双胞胎被性侵的事件引发了很大的社会影响。在这个事件中，一个细节让我印象很深刻，家长问孩子："老师深夜叫你出去，你为什么不拒绝？"孩子说："不是你们说要听老师的话吗？"家长心如刀绞，对自己日常的听话教育后悔不迭。

　　而从小参与到生活决策之中，能够自我负责的孩子会更有自主意识，不会盲从，而是会独立思考和判断，积极主动地面对生活中的变化和选择。这种独立性和自主意识会影响很多方面，并在成长过程中发展为孩子人格的一部分，让孩子成为一个有主见、有想法的人。

孩子能否培养独立意识和自主性与家长对孩子的信任和尊重紧密相关。只有父母相信孩子是有独立意志的个体，相信孩子能够自我负责，尊重孩子作为独立个体的喜好、判断力和决策时，才会给孩子做决定、做选择的机会，引导孩子不断地尝试，帮助其在试错的过程中不断成长。所以每一个家长在苦恼或者埋怨自己孩子没有主见的时候，都要问一问自己，是否给予了孩子足够的信任和尝试的机会。这是在理念层面上需要做到的。在行动层面，**有三条建议供大家参考。**

1. 在安全范围内让孩子自由探索

自我意识和独立性的培养没有捷径，就是要去做，去练习。这里所说的安全主要是指在物理环境和心理环境中确保基本安全，例如，婴幼儿在没有父母在场的情况下不能玩刀叉，不能玩火，要远离电源，避开药物，等等。当然，孩子在成长过程中免不了磕磕碰碰，这个尺度就需要家长根据孩子的情况把控。

在这里我跟大家分享一些我女儿的例子。我和家人达成一致的是孩子的事情归孩子管，从小就比较注重女儿独立性的培养。

生活中只要涉及她的事情，尽量让她参与，让她自己做。读绘本，请她去书架上自己选；穿衣服，搭配好两套，让她自己选一套；日常走路，她摔倒了，只要没有擦伤，没有危险，就让她自己站起来；只要体力还可以，旁边有人看护，就会让她自己扶着扶手上楼下楼，等等。**20 个月左右时**，她在自己的事情上就体现出了很强的自我意识和独立性，自己的事情不允许别人插手。例如，她自己爬上床有点费劲，需要有人拉一把或者在屁股上托一下。但如果我主动去拉她，她虽然上去了，但会很不开心，会下床重新爬，但因为还是爬不上来，就伸手让我帮忙，这样她上去就开心了。所以没有她的允许，我不能主动替她做事。喝水也是，她要自己抱着水壶喝，水壶盖子要自己盖，如果我顺手盖上了，她就会打开重新盖一下。

相信其他孩子也会出现类似的情况。这些都是孩子自我意识的体现，作为父母，我们要顺应孩子的发展阶段和需求，给他们充分的机会尝试。

2. 肯定孩子的尝试并给予其积极的引导

由于孩子在身高、体重、身体灵活性、大脑认知水平、情绪管理能力等方面尚未发育成熟，考虑问题不够全面或者出现失误等此类情况自然不可避免。例如，孩子会模仿大人洗衣服，但往往往会把全身都弄湿弄脏，衣服也洗不干净，一些家长会对孩子说："你别洗，你洗不干净，放着我来吧！"或者把孩子训斥一顿："你看看你，弄得乱七八糟！"甚至把孩子打一顿。这样的处理方式会打击孩子的好奇心和探索欲望，激起孩子不好的感受，让孩子感觉自己在做"坏事"，次数多了，孩子可能就不会或者不敢尝试了。孩子刚开始学走路的时候很兴奋，他们想要频繁地走路，也经常会摔倒，很多家长因为心疼便一直拉着孩子的手走，甚至抱着孩子不让他自己走。这样一来，孩子摔得确实少了，练习走路的机会和自由探索的兴奋感也会被削弱。这都属于对孩子自主独立意识的压制。

这个时候**家长要接纳孩子，鼓励孩子尝试，因为这些行为体现出来的探索精神和独立意识值得肯定。家长既要在语言上鼓励和肯定，又要在实际行为中给予其充分的耐心和练习的机会，并且要给予一定的引导和示范。**例如，洗衣服的时候，父母可以示范放多少水，放多少洗衣粉，怎么搓；引导孩子在洗手间洗，而不是随便在客厅或者餐厅洗。或者孩子走路摔倒时，只要没有造成损伤，家长就不要着急去抱，等上 5 秒钟，孩子哭几声后往往会自己爬起来。

有人可能会问，如果孩子的选择不对，也要任由他来选吗？孩子没有能力负责的时候，还要让他自己做吗？我的建议是父母把握大方向，确保安全，给予替代性的解决方案，不涉及底线的无须过虑。例如，孩子看到大人切菜很好奇，也想拿刀切菜，那要把菜刀给孩子吗？肯定不是的。但家长可以给孩子那种儿童专用的木柄水果刀、好切的水果或菜叶子让孩子模仿，并且要在家长在场的情况下使用。

3. 设定规则并考虑孩子的发展特点

放手绝不是对孩子不做任何限制，而是**要在特定的规则和范围内实行**。例如，关于让孩子自主进食，要设定相应的餐桌礼仪和规则，包括要在餐桌前吃饭，而不是随便在沙发上或者玩具房里吃，吃饭时也不要玩玩具或看动画片等。父母可能需要很长的时间去引导孩子遵守规则，形成好的习惯，而且行为上会反复，这就需要父母有充分的心理准备，多一些耐心。另外，**放手要以孩子的基本发育特点为前提**。还是以吃饭为例。从 6 个月开始到 1 岁左右，孩子的精细动作尚未发育完善，他们很难在最开始学吃饭的时候就吃到东西，这个阶段主要还是要靠家长协助喂食，而家长不能完全不管。1 岁之后，就可以变成以孩子为主，从用手练习吃饭，逐步过渡到用餐具。

本章小结

1. 放手是指放开对孩子的不合理限制，在适当范围内给予孩子充分的自由和自主权。

2. 1 岁半到 3 岁之间是孩子自我意识发展的阶段，他们会表达意愿、反抗父母的安排，坚持按照自己的方式吃饭、玩耍、排便，如果发展较好，孩子就会形成"意志"这种心理品质，也就是能够克服内心的羞怯或者怀疑心理，坚定地进行选择并自我克制。

3. 婴幼儿阶段，最能体现父母的放手能力，也是最能锻炼孩子自主能力的事情就是吃饭这件事。

4. 父母让孩子在安全范围内自由探索。自我意识和独立性的培养没有捷径，就是要去做，去练习。这里所说的安全主要是指在物理环境和心

理环境中确保基本安全。

　　5. 肯定孩子的尝试并给予积极引导。家长要接纳孩子，鼓励孩子尝试，因为这些行为体现出来的探索精神和独立意识值得被肯定。家长既要在语言上鼓励和肯定，又要在实际行为中给予孩子充分的耐心和练习的机会，并且给出一定的引导和示范。

　　6. 设定规则并考虑孩子的发展特点。放手绝不是对孩子不做任何限制，而是**要在特定的规则和范围内实行，并尊重孩子的基本发育特点**。

第 12 章

共情力

● 会共情的父母让孩子掌握与他人交流的密码。

共情是指在与人相处时，能够设身处地地理解对方，愿意从对方的角度、立场思考和感受，体会对方的体验，感受对方的情绪。理解和接受对方，不代表一定要赞同对方的观点和行为，而是意味着不带评判地看到对方的想法和感受。

在与人相处的过程中，共情是与人沟通的第一步，是建立人际关系非常重要的能力。很多人遭遇到的关系问题与共情力直接相关。曾有一位朋友困惑于不知道该如何跟先生相处。例如，她做一个新项目，涉及资金巨大、人员庞杂，为此很紧张而出了错，最后被上司批评。她很难过，便跟老公倾诉。没想到老公说："你做错了，领导批评你不是应该的吗？你应该反思一下，下次怎么做可以做得更好。"大家想一下，这个妻子这时候会是什么感觉？她未必不知道老公说的这些道理，但是这个时候她或许更需要情感上的支持、安慰，或者只是一个拥抱，告诉她："一切都好，没关系。"

作为心理咨询师，我也经常听到抑郁症患者的家人和朋友无法理解患者的话："他工作这么好，领导器重，收入也高，老婆漂亮、贤惠，儿女双全，他为什么会不高兴？为什么会觉得活着没意思？多少人羡慕他，这不是身在福中不知福嘛？"他们会劝慰患者说："谁不会遇到点问题，咬咬牙就过去了。"或者"你要多想想你的父母，你就算不为了你自己，也要为父母为孩子想想。"这些话听起来"似乎很有道理"，但对于抑郁症患者却是沉重的打击，因为这些话传达的是不理解和不认可，似乎他们内心抑郁、悲观是不对的、不应该的，这不仅帮不到他们，甚至在一定程度上会加重他们的抑郁。这些都是典型的共情力不足的体现。

　　不只是成年人之间需要共情，在养育孩子的过程中，由于孩子在认知水平、语言和情绪表达、行为控制等方面还未成熟，家长掌握共情力，通过共情与孩子沟通、相处，建立良好的亲子关系就变得尤为重要。

　　举例来说，小朋友不想去幼儿园，父母说："你为什么不想去幼儿园？幼儿园多好啊，有好玩的、好吃的，还有很多小朋友可以与你一起玩，你为什么不想去呢？"有位小学生对班里的同学笑话她胖这件事感到很难过。父母说："不会的，没有人笑话你，不要想这么多。"或者"哪有人笑话你，你太敏感了。"设想一下，面对这种回应孩子会有什么感受？

　　对这个小朋友来说，或许他还不能完全想明白自己为什么不想去幼儿园，但父母问话的潜在含义是在表达："幼儿园这么好，你没有理由不去，你不去就是不对的。"对这个小学生来说，因为同学的笑话而难过无助，就是她现在真实的感受和想法，父母的回应其实是在告诉她："你的感受不对，你的想法不对！"这又会让他们有什么样的感受呢？

　　孩子们最直接的感受可能是被否定，父母在否定他们的想法和感受，他们的想法和感受不应该如此，孩子可能会理解为："我说的不对，我想的也不对，我感受到的也不对。"这种被否定、不被理解的感觉一方面会让孩子与父母疏远，不愿意再去表达自己内心真实的想法；另一方面，这个孩子可能会很困惑，会怀疑自己："我有这样的感受，但是爸爸妈妈说这样不对，是不是我出了什么问题？是不是我不对？"孩子会变得不相信自己。如果孩子从此不再信任自己的感受和想法，逐渐就会以别人的想法和感受作为标准，非常在乎别人怎么看怎么想，这种自我评价的标准就是扭曲的，也容易养成讨好他人的人格。

父母们可能会认为，"这孩子的想法就是不对啊！"是的，孩子说的与想的可能并不符合客观事实，但这是他们感受到的、他们认为的。那么这个时候我们应该如何与孩子共情？

从孩子的角度思考

共情不是让父母和孩子有一样的想法，而是让父母试着从孩子的角度去思考、理解和接纳孩子，不要直接否定孩子。

例如，"我知道你觉得大家在笑话你，你很不开心？"或者"遇到这样的情况确实会让你很难过，我在工作中也有过类似的感受。"父母在与孩子共情的基础上，再去跟孩子谈为什么他会这么想以及问题怎么解决时，孩子会更愿意相信父母，愿意跟父母继续沟通。

共情要落实到具体行为上，做到言行一致

共情并不只是口头说说"我理解你""我明白你的感受"就够了，而是要落实到具体行动上。这就要求我们将成年人的视角转换为孩子的视角，用孩子的眼睛看待问题和思考问题。

例如，在孩子遇到困难或者挫折时，有家长会说："我明白你觉得困难，你觉得不好受，我能理解。但是我们不能遇到困难就屈服，况且这根本不是什么大问题，你应该坚持……"表面上看，这个家长似乎也共情了孩子，表达了对孩子的理解，但给人的感觉是这样的理解并不真诚，实际上他并没有真的理解孩子，他还是坚持按照成人的要求和标准处理当下的事情。更恰当的回应方式是先聆听孩子的想法："我能感觉到你担心这个事情，你怕自己做不到，做不好。"用这样的话来帮助孩子确认他自己的感受和想法，表达自己对孩子的理解："这种感觉确实让人不好受！"接下来再引导孩子或与孩子讨论他可以做些什么，与他一起寻找解决问题的办法。**父母要做的不是以成功者或者有能力者的姿态提供现成的解决方案，而是成为孩子的盟友和军师，在孩子需要时提供恰当的指导和帮助。这是更深层次的共情。**

我们可能并不认同孩子的想法和行为，但这并不妨碍我们给孩子情感上的理解和支持。很多时候，孩子只要感受到了情感支

持，家长无须说什么，孩子就知道该怎么做了。

共情时要避免给孩子贴标签

在与孩子相处时，父母很容易被孩子的某些行为或言语激怒，导致自己很难共情和理解孩子，很多时候父母的这种愤怒是因为自己在心里已给孩子贴上了消极的标签。而要做到共情孩子，就需要父母对自己的想法保持警惕，避免贴标签的负面意识和行为。

例如，你好不容易用一个上午整理好衣服，孩子却把衣服一件件揪出来扔在地上；当你想要认真看书时，孩子却在旁边不断地要你抱，让你陪着玩儿，你生气他怎么总捣乱；前一天晚上说好第二天要去哪里玩儿，第二天却不愿去；写作业总是磨磨蹭蹭，晚上 7 点能做完的事情到了 9 点都还没弄好……

很多父母对上述这些事会生气，想要训斥孩子一番甚至打孩子一顿，父母之所以会有这样的感受和想法，是由于其认为孩子是故意捣乱、不讲信用、故意磨磨蹭蹭、做事效率太低，甚至会因此生出"未来要是这样，这孩子该怎么办，以后还有什么前途"一类的想法，这么想自然会着急上火。这看起来是由当下孩子做的事情导致的，但这其实是由我们对孩子行为的负面评价造成的。如果父母能够试着从孩子的角度，去复盘或重新思考这些事情时可能会发现：

他把衣服一件件拿出来可能只是想模仿我整理衣服的行为，却还未掌握我所掌握的技巧；

他的捣乱可能只是希望我能多陪陪他，让他觉得自己被关注；

他否定了之前的承诺或许只是因为孩子的记忆力没有发展完全，他根本不记得昨天讨论过这件事；

写作业磨蹭、迟迟不愿意去睡觉或许只是因为我和先生吵了几句，他很害怕我们会继续吵架，要看着我们……

当我们发现孩子行为背后的这些原因或动机时，我们还会如之前那般焦虑吗？还会因为孩子的种种"劣行"而发怒吗？答案不言而喻。当然孩子行为背后并非都是上述提到的这些原因，但无论是什么具体原因，我们都需要先停止贴标签的行为，放下"孩子有问题"的成年人视角，从孩子的角度去理解和看待整件事情，建立孩子视角。

新手父母与婴幼儿相处时更需要共情

不少家长认为，孩子1岁之前也没什么心理需求，只要吃饱穿暖就行了，因此会忽略孩子的情绪和心理需求。其实，婴幼儿虽以生理需求为主，但他们的情绪和感受依然存在且很敏感，只不过因为认知发展不成熟，他们自己尚无法理解和表达。这就需要父母有更加细腻和敏锐的觉察，认真倾听，并与孩子共情。

例如，小孩子刚学会走路时走得还不稳，经常摔倒，有的孩子会立即爬起来，有的孩子则会哇哇大哭，对于前者，家长不需要特别地安慰或做什么干预；对于后者，家长不要去指责孩子为什么不小心，也不要跟孩子说："没事儿，没事儿，不疼，不疼！"对孩子来说，这种说法其实是在否定他们的感受。我们可以抱抱孩子，告诉他："你摔了一下，有点疼是不是？嗯，妈妈知道你可能吓了一跳！"安抚孩子，待孩子情绪稳定了再告诉他："下次我们走稳一点。"安抚了情绪之后再去讲道理才会有效果。

新手父母由于自身缺乏照顾孩子的经验，对于很多事情不知道该怎么做或者做到什么程度时，共情可以帮助我们"以己推娃"，这既能解决问题本身，又能缓解焦虑情绪。例如，关于如何把握照顾孩子的尺度的问题，怎么才算是把孩子照顾好了？想象一下我们自己的情况，当我们饿了有饭吃，渴了有水喝，有整洁干净的衣服，有充足的睡眠，也有亲人的陪伴和关注时，我们会不会开心舒服？孩子也是如此，饿了给他吃奶，困了让他睡觉，尿了就换尿布，拉了就洗屁股，想玩儿的时候陪他玩儿，给他做按摩，经常拥抱他、亲吻他，满足他"皮肤饥渴"的需求，这就会让他舒舒服服，高高兴兴。共情的运用能够让我们关注自己的行为，并且及时地发现、回应和满足孩子的需求。

本章小结

    1. 共情力是指我们要真正从孩子的角度去理解和感受，从语言和行为上给予孩子真正深入的共情。

    2. 共情不是让父母和孩子有一样的想法，而是让父母试着从孩子的角度去思考，理解和接纳孩子，不要直接否定孩子。

    3. 共情要落实到具体行为上，做到言行一致。 共情并不只是口头说说"我理解你，我明白你的感受"就够了，而是要落实到具体的行动上。这就要求我们将成年人的视角转换为孩子的视角，用孩子的眼睛看待问题和思考问题。

    4. 共情时要避免给孩子贴标签。 家长需要对自己的想法保持警惕，避免给孩子贴上负面的主观故意的标签。

5. 新手父母与婴幼儿相处时更需要共情。

（1）婴幼儿虽以生理需求为主，但他们的情绪和感受依然存在且很敏感，只不过因为认知发展不成熟，他们自己尚无法理解和表达，这就需要父母有更加细腻和敏锐的觉察力。

（2）新手父母由于缺乏照顾孩子的经验，对于很多事情不知道该怎么做或者做到什么程度时，共情可以帮助我们"以己推娃"，这既能解决问题本身，又能缓解焦虑情绪。

第 13 章

情绪力

● 会管理情绪的父母让孩子学会为自身情绪负责。

情绪力是对情绪管理能力的简称，包括情绪觉察、情绪表达、情绪控制三个方面。情绪觉察是指能够感知到自己的情绪以及情绪背后可能的想法；情绪表达是指能够自如恰当地用适合自己的方式描述和表达情绪；情绪控制是指能够宣泄和处理自己的情绪。

情绪管理能力强不代表一个人没有情绪或者只有单一的情绪，例如，总是不苟言笑，或者一直很开心从不情绪低落等，这样的情况在正常人身上都不会发生。每个人都会有情绪，也都会有情绪起伏，情绪的表达并不是发脾气，情绪的控制也不是一味地压抑，而是有其科学的、具有社会适应性的方式。

人类的情绪受到大脑前额叶的控制。最新的脑科学研究表明，人类到 18 岁时，其前额叶才会发育成熟，具备控制情绪的能力。对于 18 岁以下的儿童、青少年来说，他们在情绪上的起伏波动或者行为上的激烈表现都是正常的，这些情况不是他们主观任性或者不自律，而是因为他们在受生理结构和激素水平的影响。作为父母，如果了解了这一点，我们就会对孩子的情绪和行为多一些理解和包容。但这并不是说在 18 岁之后，孩子就能自然而然地掌握管理情绪的能力，也并不是说在 18 岁之前，父母就什么都不要做；而是说父母要在孩子成长的过程中了解孩子的情绪特点，在情绪管理方面给予孩子积极、有益的帮助和引导。

要做到这一点，家长要先具备基本的情绪力，提升自己，做好自身的情绪管理，再去帮助孩子做情绪管理。前面讲到父母的情绪管理影响整个家庭氛围、家庭关系以及自己与孩子的关系，同时，对孩子的情绪管理能力也有着直接影响。

情绪力强的父母，在与孩子相处时能够保持情绪的稳定和平

和，**为孩子提供稳定的情绪环境，这是孩子学习情绪管理的前提**，也是亲子间建立亲密关系的环境基础；父母情绪的不稳定对于孩子的破坏性影响是深远的，举例来说，父母脾气暴躁且反复无常，会将自己的愤怒转嫁到孩子身上，这会导致孩子出现攻击性行为。这种攻击行为分为两种，一种是向外，一种是向内。**向外表现为以类似的方式对待其他人**，例如，有些喜欢欺负人的孩子，在家里其实经常被打骂，他会把在家无法发泄的情绪发泄到比他更弱小的孩子身上。向内则表现为自我攻击，用这样的方式认同父母时，他们会认为："妈妈 / 爸爸没做错，妈妈 / 爸爸怎么会错呢？一定是我错了！"会在认知上贬低自己，认为自己不好，自己不对，在行为上自我伤害，如拿针扎自己，拿烟头烫伤自己。

　　情绪力强的父母了解情绪，会理解自己和他人的情绪，面对孩子的情绪和不稳定的行为时能够去接纳、去理解、去支持，例如，面对哭闹的孩子，情绪力强的妈妈会知道，孩子情绪管理能力发育不完善，他们不是故意捣乱，所以这类妈妈会有更多的耐心安抚孩子，对孩子有更多的包容，积极地与孩子沟通而不是训斥、指责。

　　情绪力强的父母有能力引导孩子觉察和表达情绪，例如，在日常跟孩子相处时，这类父母会向孩子传递情绪相关的知识和技能，告诉孩子除了哭，他还可以用语言或者动作来表达情绪，以及在有情绪的时候要怎样去求助；面对孩子的情绪，父母也会运用表达情绪的词汇，给孩子的情绪命名，帮助孩子理解自己当下的感受。所以情绪力强的父母能够疏导孩子的情绪，而不会被孩子的情绪困住的，他们不会感到无能为力。**最重要的是，情绪力强的父母**本身就是情绪管理能力的榜样和示范，是孩子最直接的模仿对象，孩子通过观察父母就能够学会为自己的情绪负责。

每个人都会有情绪，没有情绪反而不正常。人类的基本情绪包括四种：喜、怒、哀、惧，也就是高兴、生气、悲伤、恐惧四种情绪。复合情绪是在四种基本情绪基础上发展和分化而来的，如嫉妒、厌恶、自豪、激动、兴奋、惭愧、羞耻、焦虑等情绪，目前的研究结果表明，人类可能最多有 27 种情绪。情绪可分为积极和消极两种，消极情绪不是坏情绪，它们和积极情绪一样有价值，能够反映人们内心的需求。消极情绪能否发挥价值就要看我们如何应对和处理情绪。下面我就从情绪识别、情绪表达、情绪控制和宣泄三个方面为大家提供具体的方法。

情绪识别

家长可以在家中开辟一处专门的区域作为"**情绪角**"，根据孩子的发展阶段和需求设置不同的内容。所有与孩子情绪管理、行为养成等有关的游戏、教育活动都可以依托情绪角来完成。情绪识别即是依托情绪角，**以可视化方式帮助孩子认识和了解情绪**，即通过图片、照片、绘本、视频等媒介让孩子看到、感受和触摸情绪，认识情绪，将情绪和生活事件建立起对应关系。

1. 起步阶段，认识基本情绪

家长可以把与四种基本情绪相对应的表情打印出来，在"情绪角"展示。这些表情图片可以是孩子本人的照片，也可以是孩子熟悉或喜欢的动画人物的表情贴纸，这样孩子会更感兴趣，更容易投入。同时买一些情绪相关的绘本，家长可以通过玩游戏、读绘本、讲故事的方式来引导孩子认识和熟悉这些表情和情绪。例如，哭的表情主要对应悲伤，笑对应开心，生气的表情代表了愤怒；或者绘本人物在遇到了哪些事情时出现了哪一种情绪，等等。

2. 认识复杂表情和复合情绪，与生活事件和内心体验建立联系

随着孩子年龄的增长，对表情和情绪的观察及感受力在提升，父母的引导也需要更深入。**父母可以在情绪角张贴更复杂的**

表情和情绪图片，通过**开放式的问题**引导孩子体验和思考有关情绪的话题，将情绪和生活事件联系起来；甚至把这些场景画出来，如果有照片可以把照片打印出来，或者写几个关键词，贴在对应情绪旁边，方便孩子温习。

具体操作时，一方面，父母可以引导孩子观察和体验情绪的差异。**同一情感体验的外在表现可能非常不同，同样是悲伤，有人可能会哇哇大哭，有人可能没有眼泪。**结合生活实例，例如，家里有老人去世时，妈妈可能会流泪，爸爸则是沉默没有流泪，但实际上他们都很伤心，父母可以引导孩子去体验和讨论不同的人为何有不同的外在表现。

另一方面，帮助孩子了解，**同一表现对应的情绪体验可能非常不同，同样都是流泪，但这可能代表高兴，也可能代表难过。**以生活实例来说，奶奶过生日的时候，孩子花半个月时间亲自做了一把扇子送给奶奶，奶奶高兴得眼泪都流出来了，这是因为高兴而流泪；孩子考试没考好，被老师批评了，也流泪了，这则是因为难过和委屈。父母要引导孩子感受这两者的差别。

情绪表达

随着孩子情绪能力的发展和分化，他们的情绪会变得更加复杂多样，但由于其认知能力和语言表达能力尚未发展完善，很多孩子还不能准确地描述自己的情绪和情绪出现的原因，表现出来的可能只是哭闹、大喊大叫、打架、攻击他人、睡眠不好等，这就需要家长借助某些媒介、素材帮助孩子识别和表达情绪，包括语言和非语言两种形式。

1. 年龄较小的孩子适合使用非语言形式，例如，图片对照、绘本或图画书类比及绘画等方式

图片对照是指，当孩子闹脾气时，我们指着情绪的图片或照片问孩子，现在你的心情跟哪一张图片是一样的？家长可以把这个情绪说出来，让孩子了解。例如，"现在你的表情和行为跟这个委屈的图片是一样的，你现在很委屈，觉得妈妈冤枉你了，是不是？"

用绘本或图画书做类比也与此相似，就是让孩子对照绘本或图画书中的主人公，看看主人公是因为什么事情产生了这种情绪，自己又是因为什么事情产生了这种情绪，让孩子明确现在的情绪状态。

绘画是借助画画这项活动让孩子把内心的情绪表现出来。例如，孩子跟其他小朋友发生了冲突，父母可以引导孩子画画。若孩子画了一块很大的黑色石头，我们就可以问孩子，为什么用黑

色的笔，为什么画了一个很沉、很大的石头，是否在因为什么事情生气，等等，这其实可以帮助我们及孩子了解其内心的想法。

2. 学龄阶段，学习用语言表达情绪

家长要帮助孩子逐步学习用语言来描述和表达情绪。**例如，给孩子讲故事时，用情绪词汇描述故事人物的心情**。最近我女儿特别喜欢一套小熊绘本，给她讲故事时，我会在情绪方面进行强调并特意去引导，"小兔子的冰激凌掉地上了，她哭了，她觉得非常伤心。""小熊过生日的时候，好朋友们给他精心准备了生日礼物，他非常开心。他做了很好吃的生日蛋糕给大家，大家吃得也很开心。""小狸猫想要跟其他的小伙伴一起玩耍，但他有点害怕，所以躲在了大树后面观察。"我一边讲一边指出故事人物的动作和表情，让女儿观察。

在日常生活中，家长也可以引导孩子描述和表达情绪，例如：

"今天闹闹和爸爸妈妈去动物园，见到了很多可爱的小动物，闹闹很开心。"

"刚才你玩水把衣服和地板都弄湿了，爸爸批评你了，你有点伤心，所以哭了，对吗？"

"今天在幼儿园，小明抢了你的玩具，你就把他推

到了地上，那个时候你有什么感觉呢？哦，你觉得很生气，所以你推了他。"

"小明被你推到地上，摔疼了，哭了，你觉得他会有什么感受呢？"

"看到他哭了，你还生气吗？有什么办法可以让他不哭了？"

类似这样的对话可以引导孩子更加准确地理解自己的情绪，将情绪和生活事件结合起来。刚开始孩子可能不熟悉也不理解这些词汇，但经过不断重复和演示，孩子会逐步在词汇和情绪之间建立对应关系，学会用语言来描述和表达自己的情绪。

情绪控制和宣泄

1. 控制当下情绪，弱化情绪强度

当孩子出现强烈的情绪时，父母需要引导孩子控制住情绪强度，避免出现严重的攻击语言和行为。我们可以通过以下两种方法实现。

（1）**离开情绪场景，中断激烈情绪**。这里指的"带离"可以是让孩子离开现场，换一个场景，让孩子平静下来，也可以是让孩子转移注意力，把激烈的情绪先切断，不要蔓延泛化。这两种方式一种是物理层面的隔离，一种是注意力的转移，都可以起到中断激烈情绪，逐步恢复平静的作用。若采用后者，父母可以让孩子随身携带自己喜欢的小玩偶或其他物件，告诉孩子，如果遇到什么事情，你很生气或者很难受时，摸一下玩偶，告诉自己："我要平静。"这种自我克制不是懦弱，而是一种积极成熟的情绪控制方式。

（2）**腹式呼吸法，控制生理状态和节律**。腹式呼吸法是瑜伽中常用的一种呼吸方法。成年人平时使用的是胸式呼吸法，呼吸较浅、较急促，在情绪激动的时候，胸式呼吸法会让人情绪更激动。而使用腹式呼吸法则可以帮助我们控制身体节律，尽快平静下来。父母可以教孩子一些基本动作，即吸气的时候尽力向外鼓肚子，然后慢慢地吐气，吐气的时候尽力向内收肚子。日常生活中父母可以与孩子反复练习，形成自动化的呼吸习惯。

2. 帮助孩子宣泄内心情绪，不压抑情绪

控制住当下情绪，只是没让情绪恶化而引发更严重的后果，但情绪并没有真正消失，父母需要帮助孩子找到合理的渠道让情

绪宣泄出去，而不要压抑情绪。孩子可以使用的情绪宣泄方法有很多，包括倾诉法、绘画法、运动法、音乐舞动法、写日记法等。

（1）**倾诉法**：是指通过倾诉，让孩子把情绪表达出来；家长需要与孩子共情，给予孩子相应的情感支持。

（2）**绘画法**：是指用绘画的形式表达和宣泄情绪。学龄前的孩子大多无法用语言准确地表述自己的情绪，多会采用绘画、运动等非语言的表达工具。父母无须限制孩子的思路，可以任由孩子画，创作本身就是一种宣泄。画完，父母可以引导孩子对绘画作品进行解释。例如，孩子画了一张扭曲变形的脸，对话场景可能会是这样的：

家长："这是谁的脸？"

乐乐："乐乐的脸。"

家长："哦，这是乐乐的脸啊！为什么乐乐的脸是歪的呢？这跟镜子里乐乐的脸不一样。"

乐乐："乐乐生气了，他的脸就歪了。"

家长："乐乐生气了，很不高兴，发生了什么事情让乐乐这么生气呢？"

乐乐："小明把乐乐的积木推倒了。"

> 家长："小明把乐乐的积木推倒了，所以乐乐很生气，那当时乐乐做了什么呢？"

父母通过这样的对话一点点了解孩子的情绪，并引导孩子表达和宣泄情绪，还可以告诉孩子表达和管理情绪的简单知识和规则，例如，"乐乐做什么就可以不那么生气了？""如果乐乐不生气了，画出来的脸会是什么样子的呢？"在对话中开展情绪教育。

（3）**运动法**：是指通过运动的方式达到宣泄情绪的目的。运动可以是跑步、打篮球、打乒乓球、打羽毛球等各种形式，选择孩子喜欢的方式即可。

（4）**音乐舞动法**：音乐舞动是借助音乐和孩子一起舞动身体，达到情绪宣泄的目的。父母可以选择符合孩子心绪的音乐，和孩子一起随意舒展和摆动身体。

（5）**写日记法**：给孩子准备一个日记本，鼓励孩子写出自己的想法、感受，养成用文字记录和表达感受的习惯。当孩子出现较为强烈的情绪时，父母可引导孩子就情绪进行专门的梳理，在白纸上写出四个要素：**出现的情绪、引发情绪的原因、给自己带来的影响、之后打算怎么办**。通过这样的方式对情绪进行整理和复盘。已有研究证明了写日记可以降低焦虑、提高身体的免疫力，还能增强个体的社交能力。

3. 转换思维角度，建立积极视角

在成长过程中，人的思维方式会变得自动化，成为大脑最习惯最常见的反应方式。消极的思维习惯会形成消极的自动化思维，容易引发悲观、消极、紧张、焦虑等情绪，并造成被动、消极的行为。积极的思维习惯会形成积极的自动化思维，带来乐观、积极、平和、愉悦的情绪，使人产生主动积极的行为。在孩子遭遇挫折、产生负面情绪时，父母要引导孩子从积极的视角看待问题，这既能够帮助孩子养成积极的思维模式，又能够使其从当下的问题中找到积极的资源。

例如，孩子参加演讲比赛，只拿了优秀奖，很不开心。我们就可以借这个机会跟孩子谈。

首先，我们要共情。孩子不开心，我们要理解和接纳孩子的情绪和感受，让孩子感受到自己是被理解和接纳的。

其次，我们要给孩子的行为赋予积极的意义。孩子面对成绩不开心，说明孩子对自己有要求，对好成

绩有追求，这是值得肯定和认可的。

再次，我们可以引导孩子："你觉得相比没有得奖的同学，你哪方面做得好？"让孩子去思考和回答，他可能会说："我很勇敢，我去报名参加了，所以才有机会得奖。"也可能会说："我演讲的话题说的是我的真心话，所以我表现得很自然。"这些引导都能让孩子看到积极的方面。

最后，我们还要换个角度帮孩子思考："得了第一名的同学，她哪些方面做得好？"孩子可能会回答："她讲故事讲得特别好，很会留悬念，大家都被她吸引住了！""每讲一段，她都有一句总结，非常贴切。"或者我们也可以这么问："有哪些方面是你下次演讲的时候可以模仿和学习的？"

在这样的引导中，孩子既可以看到自己的优点，又可以看到别人的优点及自己能够学习与提升的地方。这既化解了他不开心的心情，又明确了他提升进步的方向，一举两得。在其他方面遇到的挫折，如考试成绩不好，或者与同学发生了冲突，等等，父母都可以引导孩子寻找问题背后的启示，找到问题的解决办法，以积极的心态去面对和处理。

本章小结

1. 情绪力是对情绪管理能力的简称，包括情绪觉察、情绪表达、情绪控制三个方面。情绪觉察是指能够感知到自己的情绪以及情绪背后可能的想法；情绪表达是指能够自如恰当地用适合自己的方式描述和表达情绪；情绪控制是指能够宣泄和处理自己的情绪。人类的情绪受到大脑前额叶的控制，而据研究表明前额叶到人类 18 岁时才会发育成熟。

2. 每个人都会有情绪，没有情绪反而不正常。人类的基本情绪包括四种：喜、怒、哀、惧，也就是高兴、生气、悲伤、恐惧四种情绪。复合情绪是在四种基本情绪的基础上发展和分化来的，如嫉妒、厌恶、自豪、激动、兴奋、惭愧、羞耻、焦虑等情绪，目前的研究结果表明，人类可能最多有 27 种情绪。情绪可分为积极和消极两类，消极情绪不是坏情绪，它们和积极情绪

一样有价值，能够反映人们内心的需求。消极情绪能否体现价值就要看我们如何应对和处理了。

3. 帮孩子做情绪识别时可以用可视化的方式，即通过图片、照片、绘本、视频等媒介让孩子看到、感受和触摸情绪，认识情绪，将情绪和生活事件建立起对应关系。

起步阶段，帮孩子认识基本情绪；然后再认识复杂表情和复合情绪，与生活事件和内心体验建立联系。

4. 教会孩子表达情绪。年龄较小的孩子适合使用非语言形式，例如，图片对照、绘本或图画书类比、绘画等方式；学龄阶段开始，用语言表达情绪变得越来越重要，父母给孩子讲故事时，可以用情绪词汇来描述故事人物的心情。

5. 教导孩子学习情绪控制和宣泄。控制当下情绪，弱化情绪强度；帮助孩子宣泄内心情绪，不压抑情绪；引导孩子转换思维角度，建立积极视角。

第 14 章

拒绝力

● 有边界感的父母给孩子敢于说"不"的能力和底气。

拒绝力是指捍卫自身边界，尊重他人边界，敢于拒绝的能力。敢于拒绝是一个人心理成熟的标志之一。这里的拒绝不是为了拒绝而拒绝，也不是要把自己封闭起来的防御机制，而是一种为了与他人建立起恰当边界的能力。拒绝力强的人，最大的特点是边界意识明确，能够守护自己的边界，也会懂得尊重他人的边界。

> 我有一个闺蜜，她是一个很好的姑娘，待人温柔，做事认真，却不懂得拒绝别人。在单位她是一个"老好人"，同事们什么事都会请她帮忙，很多工作也会推给她做，例如，总有人会在下班的时候因私人理由请她帮忙完成工作。就算她心里不愿意，就算她已经跟男朋友有约会，只要同事一夸她或者一求她："你最能干了，只有你能帮我了，你如果不帮我，我真的不知道该怎么办！"她就会心软。对此她会觉得不舒服，很委屈，但就是说不出拒绝的话，到最后她总是一个人加班到深夜。有了孩子后，她也常常为此筋疲力尽，连照顾孩子的精力都没有，难以全身心地陪伴孩子。有一天她发现，儿子跟别人发生了冲突，被抢了玩具的时候，就在一旁眼巴巴地看着，想要回来又不敢说话；给儿子的零花钱被同学"借走"不还，给他带的水果或点心也多被同学吃掉了。儿子会回来发脾气，但跟同学在一起的时候又不敢说。
>
> 回顾自己的成长，她突然发现她妈妈也是这样的。妈妈单位分房子，轮到他们家时，有好多同事以各种

理由劝说她妈妈把房子的名额让出来，十多年的时间里，全家五口人挤在 50 平方米的两居室里，争吵、冲突、拥挤、摩擦成为她童年挥之不去的阴影。而她爸爸则是无法拒绝家里亲戚借钱，帮这个帮那个，反而自己家过得紧巴巴。这些往事让她很受刺激，于是她决定改变自己，学会捍卫自己的边界，并学着去引导孩子捍卫他自己的权利，好在孩子还小，模式没有固化，改变和引导起来没那么难。

孩子是父母的一面镜子，父母的一些行为模式会被孩子模仿。这种模仿有时候是有意识的，有时候是无意识的。父母在关系中无法拒绝他人，无法守护自己的边界，可能有很多内在原因，例如，害怕冲突，或者希望做一个完美的人，希望别人认可自己。无论是哪一种原因，传递给孩子的信息可能就是："我不重要，别人的需求比我的需求重要，我没有能力保护自己，我不该争取自己的权益。"当孩子与同学、朋友、老师的相处或在未来与同事、恋人、配偶相处时，这种想法就会产生很多负面影响。

边界感

跟孩子相处时，在不设定规则的情况下一味满足孩子的所有需求，所有的事情都替孩子做，替孩子决定，这些行为就属于没有边界感的表现；在孩子成人之后，干涉孩子的工作、情感、婚姻也是没有边界感的体现。**如果孩子在童年时未能建立起清晰的心理界限，就容易形成讨好型人格，在人际关系中会总是退让，或者在未来成为下一个控制欲强的父母。**"巨婴""妈宝男"，这些被贴了标签的人往往就没有边界意识，他们无法拒绝母亲或父亲的干涉，并且对此无能为力或习以为常。

而有边界感的父母在跟孩子的相处中，会尊重孩子的边界，在孩子还没有足够的认知能力时，父母可以引导、帮助孩子，但不是控制和主导，而是尊重孩子的自主权，孩子的事情交给孩子负责，允许其表达不同的意见和建议；在孩子说"不"，表达拒绝的时候，不是打击指责，而是先认可孩子有自己的想法，然后再去跟孩子讨论孩子的需求是什么。在一个可以接纳不同意见和建议的安全的环境里，孩子可以自如地表达诉求，也可以表示拒绝，敢于说"不"。

拒绝力需要并且能够通过训练培养出来，这应该是我们每一个人都具备的能力。孩子边界意识的培养及说"不"的能力与父母的拒绝力紧密相关。只有父母具备边界意识，能够捍卫自己的边界、尊重别人的边界的时候，才有可能培养出孩子的"边界"意识和拒绝能力。既然拒绝力如此重要，我们作为父母，该如何提升自己的拒绝力并引导孩子学会捍卫自己的边界呢?

父母要先提升自己的拒绝力

从父母的角度，我建议从两方面着手提升拒绝力。

1. 正确地看待拒绝和边界

很多人不敢拒绝别人，是害怕跟别人起冲突，希望自己在别人心中有一个完美的形象，担心拒绝会让别人对自己有不好的想法。但是靠模糊边界、委曲求全、讨好别人建立起来的关系并不能长久，并且也不是真实的。委屈压抑自己，戴一个完美的面具，恰恰会让我们跟家人、跟孩子越来越远。

适度拒绝、建立边界，可能会刺痛一些人，让一些人远离你，但这个过程其实是在帮你过滤你的关系网，让真正接纳你的、值得交往的人留在你身边。你舒服了，你身边的人才会舒服，你们才能建立起好的关系。父母跟孩子相处时也应如此。

2. 在实际生活中逐步练习拒绝能力

练习拒绝能力没有什么捷径可走，我们需要依托实际的生活逐步练习拒绝能力。我们在遇到某些侵犯我们自身边界的行为时，先要觉察和明确自身的感受和想法，在尊重自身意愿的基础上表达拒绝，保持内心边界。

以我前面提到的朋友为例。当她下定决心要改变自己时，在实际操作中非常难。在又一次同事请她帮忙时，她拿着手机，在微信对话框中，删了写，写了删，最后终于发出信息，说自己有事，不能替她值班了，后面还说了一大堆道歉的话。她以为对方会很生气，结果同事说："好的，那我再问问别的同事吧。"她发现，事情没她想得那么复杂。其实她根本没有事，就是不想帮这个忙，但是不解释理由对当时的她来说还是有点难，似乎拒绝他人是不应该的。

随着练习的增多，她的拒绝力逐渐提升，现在可以自如地表达自己的需求了，对于拒绝别人也不再有那么强的负罪感了。在孩子遇到类似的问题时，她也开始有底气和智慧来支持孩子去表达他自己的需求。孩子的情绪状态好了很多，对于别人不尊重他或者过分的要求，他能够拒绝，并且发现这样做不仅没有影响自己与同学们的关系，反而让同学们更尊重他了。

引导孩子提升拒绝力

我建议父母参考以下两个方面引导孩子学习拒绝。

1. 教会孩子"三件事"原则

"三件事"是指自己的事、别人的事、"老天爷"的事。自己的事和别人的事好理解，"老天爷"的事是指与运气、概率等有关的事。一对资质很普通的父母要求自己一定要培养出一个大文学家、大艺术家，这件事的概率就比较低，这就是"老天爷"的事。"三件事"原则就是指谁的事情谁负责，要明确界限。

作为父母，当我们遇到情绪困扰、职业发展问题、夫妻问题时，有边界感的父母往往明白，这是自己的事情，要自己去解决，要么跟配偶好好沟通，要么向朋友倾诉，要么寻求专业人士的帮助，绝不能冲孩子发脾气或者把孩子当垃圾桶倾诉；同时，父母需要让孩子知道，这是父母的事，父母会自己解决，这不是孩子的问题，更不是孩子的责任，他们无须为此自责或有心理负担。尤其对于低幼年龄段的孩子来说，他们处在"自我中心"的意识发展的阶段，会把所有的事情跟自己联系起来，认为所有的事情都是自己的责任，这就更需要父母在遇到某些问题时把握好尺度，避免将责任归于孩子。

关于孩子的学习和教育，有边界感的父母就会知道，父母固然要提供精力、时间、财力、精神的全面支持，但归根结底这是孩子的事情，不要因此放弃自己的生活、职业发展，将孩子的成绩作为评价自己是否成功的标准。反过来，孩子也需要知道，学习成绩、体育锻炼、发育成长是自己的事情，父母虽然提供支持，但他们没有义务牺牲一切只围着孩子转。之前曾有一个新闻事件被广泛报道，在日本留学挥霍无度的儿子因母亲不再给自己提供经济支持，在机场对母亲连刺 9 刀。撇开道德不谈，如果这个孩子有边界意识，知道生存是自己的事，而不是母亲必须要承担的事，或许这个悲剧就可以避免了。

对于 3 岁以内的幼童，通过语言和大脑认知去理解和区分"三件事"略显困难，但前面章节中提到的"让孩子做选择"和"自己的事情自己做"其实就是在帮助孩子了解哪些是自己的事情、该自己负责，逐步建立边界感。

区分"三件事"本质上是帮助父母和孩子都明确边界，尊重每个人的独特存在。对于父母来说是允许孩子做自己，按照内心的意愿生活，而不是作为父母的附庸存在，帮助孩子培养边界意识；对于孩子来说，则是学会自我负责的过程。

2. 支持和引导孩子敢于说"不"

敢于说"不"的能力需要在家庭环境中培养，才能触类旁通地应用于其他环境。这就要求家长给予孩子充分的支持和引导。

一方面，我们要允许孩子在家庭环境中说"不"。 前面讲到 1 岁半到 3 岁是发展自我意识、培养自主性的关键阶段，这个年龄段孩子的典型特征就是，习惯于对一切说"不"，例如，"吃饭吗？""不吃！""喝水吗？""不喝！""好吗？""不好！"孩子的秩序感很强，一定要按照自己的方式做事。父母要先理解孩子的行为。这不是他们故意对抗父母，不是叛逆，而是生理和心理成长发展的标志，是必然会出现的过程。所以父母要肯定和包容孩子的语言和行为，让孩子感受到父母在情感上的理解和支持。当孩子表达不认可、不同意的时候，父母不要强迫孩子听从，而是要与其沟通，了解孩子心里是怎么想的，他的理由是什么，他希望怎么做，在沟通的基础上共同设定解决方案。

另一方面，孩子在与外界相处时，父母要保护孩子说"不"的正当权利。 这不是在鼓励孩子霸道、自私、欺凌他人，而是在教导孩子如何正确地捍卫自己的边界。

我与大家分享 G 的例子。一个亲戚带着孩子去 G 家玩。两个孩子都七八岁，年龄相当。有一个剑龙的玩偶是 G 的孩子最喜欢的，不过亲戚的孩子也很喜欢，走的时候非要拿走，两个孩子僵持不下。她知道孩子非常珍视这个恐龙，跟孩子商量后，孩子也坚决不肯送人。于是 G 对亲戚的孩子说："阿姨知道你很喜欢哥哥的恐龙，但哥哥也很喜欢，阿姨明天买个一模一样的送给你，好吗？"但亲戚的孩子不肯，一定要现在就把玩具抱走。她正要继续安抚，没想到亲戚不高兴了，拉起自己的孩子就走，一边走一边说："不就是一个破玩具吗？值得这么护犊子吗？我们家又不是没钱买，你就是给，我们也不稀罕。"然后就怒气冲冲地走了。之后她带着新买的玩具去对方家里解释了一次，对方还是不谅解，她也就不再强求。

我很感动于看起来如此柔弱的 G 能够给予孩子真实与坚定的支持。剑龙玩具是孩子的东西，她没有因为自己是家长，更没有碍于亲戚的情面，就强制命令孩子把玩具让出来，而是帮助孩子捍卫自己的利益，这才是真正地尊重孩子。她找出了折中的解决方案，努力沟通，结果虽不如人意，却不再勉强自己，委曲讨好。这也是在保护自己的边界。

很多成年人在对外交往中，为显得自己通情达理不小气，往往会牺牲自己孩子的利益与尊严，强制孩子分享或者做某些事情，这会给孩子带来心理上的伤害，也会让孩子变得不敢表达和争取，对孩子独立意识的发展非常有害。尤其对于 3 岁以内的幼儿，在他们还没有能力表达意愿的时候，父母更要帮助孩子应对冲突。

本章小结

1. 拒绝力是指捍卫自身边界，尊重他人边界，敢于拒绝的能力。敢于拒绝是一个人心理成熟的标志之一。拒绝力强的人，最大的特点是边界意识明确，能够守护自己的边界，也会懂得尊重他人的边界。

2. 父母需要先学会拒绝，**正确地看待拒绝和边界**。适度拒绝、建立边界，可能会刺痛一些人，让一些人远离你，但这个过程其实是在帮你过滤你的关系网，让真正接纳你的、值得交往的人留在你身边。你舒服了，你身边的人才会舒服，你们才能建立起好的关系。父母跟孩子相处也是这样。

3. **在实际生活中逐步练习拒绝能力**。练习拒绝能力没有什么捷径可走，我们需要依托实际的生活逐步练习。在遇到某些侵犯自己边界的行

为时，我们先要觉察和明确自己的感受和想法，在尊重自身意愿的基础上表达拒绝，保持内心边界。

4. 教会孩子"三件事"原则。 "三件事"是指自己的事、别人的事、"老天爷"的事。"三件事"原则就是指谁的事情谁负责。对于父母来说是允许孩子做自己，按照孩子内心的意愿生活，而不是作为父母的附庸存在，帮助孩子培养边界意识；对于孩子来说，则是学会自我负责的过程。

5. 支持和引导孩子敢于说"不"。敢于说"不"的能力需要在家庭环境中培养，才能应用于其他环境中。这就要求家长给予孩子充分的支持和引导。一方面，孩子在家庭环境中，我们要允许孩子说"不"。另一方面，孩子在与外界相处时，家长要保护孩子说"不"的正当权利，教会孩子正确的捍卫边界的方式。

第 15 章

游戏力

● 有趣、会玩耍的父母能够与孩子建立最直接的亲密感。

有个朋友吐槽说,在家里她陪伴孩子的时间和花费的精力最多,但孩子却更喜欢爸爸。每天都要跟爸爸亲亲,晚上睡觉的时候,如果爸爸去厕所,他一定要在床边站着等爸爸回来。最喜欢看的绘本是《世界上最好的爸爸》《我的爸爸》,每次都必须要爸

> 爸讲，不让妈妈讲。我问她："你陪孩子的时候一般都
> 干什么啊？"她说："我照顾他吃喝，哄他睡觉啊，给
> 他看图片啊，教他学说话啊！"我又问："孩子爸爸陪
> 他的时候会做些什么呢？"她说："爸爸就很傻啊，很
> 搞笑，就咯吱他，在地上跟孩子滚来滚去爬来爬去啊，
> 捉迷藏啊，还让他坐在脖子上骑大马。我看着都危险。"

在这个例子中，妈妈在用家长的方式陪孩子；爸爸则是用孩子的方式跟孩子相处，也就是做游戏。这就是典型的正统式陪伴和游戏式陪伴，两种陪伴的效果和质量会有很大的差异。孩子愿意跟爸爸玩耍、亲近是情理之中的事。

喜欢玩游戏是孩子的天性。**玩耍、做游戏的能力就是游戏力**。孩子天生就有很强的游戏力。对于成年人来说，一方面提升游戏力符合自身需求，因为成人也需要玩耍、游戏，只不过成年人的游戏形式跟孩子不同；另一方面，游戏是一种媒介，可以帮助我们进入孩子的世界，用孩子可以理解和接受的方式促进孩子在智力、社交、运动、个性等方面的发展，探索和认识世界，与孩子建立亲密的情感联结。

很多父母说不知道该怎么跟孩子玩，觉得自己不会做游戏。

我提供如下三个方面的建议。

相信自己有能力跟孩子做游戏

　　提升游戏力，最重要的不是方法，而是相信游戏的力量，相信自己有能力与孩子一起玩游戏。每个人都曾是孩子，玩耍、做游戏是我们的本能。只不过在长大的过程中，我们忘记了如何玩耍。那我们要怎么启动自己的游戏本能呢？很简单，**向你的孩子学习**，看他是怎么玩，怎么做游戏的。把自己当成孩子，像孩子那样自在地趴着，躺着，打滚，跳来跳去，爬来爬去，用孩子的视角重新观察身边的环境，像孩子那样真实地、全然地释放自己，让自己放松下来。这也是前面提到的，我们可以把孩子当成我们的朋友、老师，向孩子学习。

　　我一直是一个比较认真、严肃的人，觉得自己不会玩，更不太懂怎么和孩子玩。但是有了宝宝之后，我经常忘记自己是一个成年人，我会模仿女儿的表情和语言，我会跟她一起爬，在地上打滚，学她蹒跚走路，和她捉迷藏，一起跳舞，做很多看起来很幼稚的动作，和孩子打闹。认识我的人都觉得我像是变了一个人，变得很幼稚、很好笑，我内心也非常认同这种变化。我真实地感受到，不是我们不会玩，而是作为成年人，作为家长，我们已有了一些固化思维，觉得玩游戏是小孩子才会做的事情，自己去做就怕被别人说幼稚，怕被人笑话，拘谨放不开。但也正是因为太长时间没有让自己放松下来，当我们把自己当成小孩子，放下思考，只是用身体和感官感受时会很容易放下心理负担，学会玩耍。

所以成年人提升游戏力最重要的是让自己回归孩子的角色，像孩子一样展示天性，释放自己，这样才能投入地与孩子玩游戏。

在游戏过程中尊重和理解孩子的发展特点

作为父母，跟孩子做游戏，通过游戏与孩子联结，或者进行引导时，很重要的一点是要掌握孩子的基本发展特点，才能在不同的阶段理解孩子的游戏，选择不同的游戏方式跟孩子互动。

从孩子与人互动的角度，游戏的发展分为四个阶段：单独游戏、平行游戏、联合游戏、合作游戏。在单独游戏阶段，孩子的主要表现是自己玩；在平行游戏阶段，孩子可以跟其他小朋友一起，但也是各自玩各自的，会互相观察，但没什么互动；联合游戏阶段则会出现一些基础的互动，甚至可能会出现争抢玩具、试着去触摸对方的情况，但是孩子间没什么实质性的合作或互动；合作游戏则是在语言、行动、思维上能够有较为深入的互动，共同完成某一项任务。

从认知发展的角度，游戏又可以被分为功能游戏、构建游戏、假装游戏和规则游戏四种。功能游戏是指孩子在 2 岁以内，为了发展某些功能的需要而做的游戏，例如，学习翻身、学习爬这些大肌肉运动等；构建游戏是孩子 2 至 3 岁的时候会用材料制作或搭建某些东西，例如，搭积木，画画；假装游戏是孩子 3 岁至 6 岁时借助语言、想象力、情绪等能力玩的游戏，例如，过家家、角色扮演等；规则游戏则是在孩子 6 岁左右开始逐步占主导的，根据某些规则或者程序组织的游戏，例如，跳房子、跳绳、赛跑、赛球等。

脱离孩子的发展阶段去评估孩子的游戏行为是没意义的。有些人对我讲："哎呀，我家闺女怎么这么内向呢？也不跟小朋友一起玩，我让她去跟其他小朋友玩，她也不听，只顾玩自己的。"我便问："你家孩子多大了？"对方回答："13 个月。"这个时候的孩子处在单独游戏阶段，特点就是自己玩自己的，与其他小朋友玩到一起的可能性几乎为零，家长千万不要揠苗助长。

同样，孩子在某些阶段表现出某些特点也是正常的。我读大一的时候，我小姨的小女儿快 4 岁了。有一次跟她一起玩，她拿着一根木棍举在半空中，说："姐姐，你看这个花蝴蝶，它飞的时候翅膀忽闪忽闪的，彩色的，可漂亮了，你看见了吗？"接着，她做出一个把手上扬的动作，又说："哎呀，蝴蝶飞走了，她可能要去吃饭了。"小姨就对她说："哪有蝴蝶，不就是一根棍儿，别瞎说，整天胡说八道。"还对我说："这孩子整天嘀嘀咕咕自言自语，说的都是没影儿的事儿。"现在想想，表妹当时正处在假装游戏阶段，她的这些表现充分展现了她的逻辑思维、想象力、语言表达能力。如果当时了解这些，阿姨就不会担心，反而会很高兴。所以家长一定不能因为自己的认知局限就给孩子贴一个不好的标签，也会给自己徒增烦恼。

在不同的游戏阶段，除了游戏，孩子还会在其他方面，例如，社交、语言、个性、气质等方面展现出更多元化、更复杂的特点，家长们对此需要有基本的了解，在跟孩子游戏时才能选择恰当的游戏，跟孩子更好地玩耍。如果对此暂时不了解，一个重要的原则就是：**在保障安全的前提下，不干涉孩子，让孩子在宽松的环境中自由玩耍。**

掌握基本游戏，在日常生活中练习

很多人以为做游戏就是给孩子买玩具，让孩子玩玩具或者与孩子一起玩玩具。实际上，玩玩具只是游戏活动中的一种。相比玩具，孩子对真实的生活更感兴趣，尤其是在孩子很小的时候。所有家庭用品在孩子眼里都是玩具，都是可以玩的，可以探索的。随着孩子慢慢长大，他们对家里的物品已经非常熟悉，也熟练掌握了生活技能，他们才会对更复杂的玩具、游戏或者娱乐设施感兴趣。在我家，除了大巴车、动力沙、磁力棒、磁力积木、普通的拼搭积木等基本的玩具外，家里的锅碗瓢盆、拖把、扫帚、洗手盆、洗脚盆、肥皂、马桶、包括非洲鼓的鼓套都是女儿的玩具。所以父母不需要给孩子买太多玩具，可以善用生活用品，通过生活中的游戏跟孩子一起玩耍。

美国心理学家劳伦斯·科恩（Lawrence Cohen）写了一本书，名为《游戏力》（*Playful Parenting*），里面介绍了很多不错的游戏。我们经过一段时间的练习之后会发现，**游戏要融入生活中，而不应刻板地按照规则来机械模仿**。结合孩子的个性、生活习惯、家里的素材，每个家庭都可以创造各自的专属游戏。女儿 1 岁左右时，我家玩得最多的游戏就是捉迷藏。随着孩子年龄的增加，这个游戏也在不断升级，形式和难度不断提升。

在女儿会爬之前，她坐或者趴在床上时，我会在她面前，拿一块布盖在我的头上，然后掀开，掀开的时候乐一下，她也会跟着乐；这样练习一段时间后，我就开始在她头上也盖一块布，并且假装找不到她了，问："闹闹呢？闹闹在哪里？"她自己会乱抓，扯开布，我会假装恍然大悟，拖着长音说："哇，原来闹闹在这里呀。"她就会咯咯地笑。在她会爬之后，我会跪在她的面前，盖一块布，一边往后退，一边叫她的名字，假装在找她，她会快速地向前爬，试图靠近我；在她可以走路之后，我会在她视线范围内，藏在某个地方，她一边大笑一边跑过来找我，我会很开心地说："哇，你找到妈妈了。"她一岁半左右时，我会把卧室、厨房几个以前经常藏身的地方装饰成看起来都有人的样子，我自己则藏在其中一个角落。她会来回走好几圈找我，她因找不到而有点着急时，我就会叫她，或者把身体某个部位如我的脚露出来让她看到，她就会循着方向来找我。我们捉迷藏的时间一点点拉长，她逐渐需要思考、利用记忆能力才能找到我，她找到我之后的成就感也会更强。

除此之外，我们还有一些很常用的专属家庭游戏，例如，大黄小黄、骑大马、找五官、群魔乱舞、穿裤子游戏、关灯游戏等，我们在不同的游戏中与孩子有不同的语言、身体、表情、节奏感等互动。我相信每个家庭都会有自己的专属游戏，父母在与孩子共同玩游戏的过程中会逐渐跟孩子建立亲密的关系。很多的家庭教育和引导可以在游戏中进行。

本章小结

1. 喜欢玩游戏是孩子的天性，也是帮助我们进入孩子世界的媒介，帮助我们用孩子可以理解和接受的方式促进孩子在智力、社交、运动、个性等方面的发展，探索和认识世界，与孩子建立亲密的情感联结。

2. **父母要相信自己有能力与孩子做游戏**。提升游戏力，最重要的不是方法，而是相信游戏的力量，相信自己有能力与孩子一起玩耍。我们可以通过**向孩子学习来重新启动游戏本能**，看他是怎么玩，怎么做游戏的。把自己当成孩子，像孩子那样自在地趴着，躺着，打滚，跳来跳去，爬来爬去，用孩子的视角重新观察身边的环境，像孩子那样真实地、全然地释放自己，让自己放松下来。

3. **父母要在游戏的过程中尊重和理解孩子的发展特点**。作为父母，与孩子做游戏，通过游戏与孩

子联结，或者进行引导时，很重要的一点是要掌握孩子的基本发展特点，才能在不同的阶段理解孩子的游戏，选择不同的游戏方式跟孩子互动。

游戏的发展分为四个阶段：**单独游戏、平行游戏、联合游戏，合作游戏**。在单独游戏阶段，孩子的主要表现是自己玩；在平行游戏阶段，孩子可以跟其他小朋友一起，但也是各玩各的，会互相观察，但没什么互动；联合游戏阶段则会出现一些基础的互动，甚至可能出现争抢玩具、试着去触摸对方的情况，但是孩子间没什么实质性的合作或互动；合作游戏则是在语言、行动、思维上能够与他人有较为深入的互动，共同完成某一项任务。

4. 掌握基本游戏，在日常生活中练习。玩具只是孩子游戏中很小的部分。相比玩具，孩子对真实的生活更感兴趣，尤其是在孩子很小的时候。所有家庭用品在孩子眼里都是玩具，是可以拿来玩的，可以探索的。借鉴《游戏力》一书，父母可以筛选适合自己和孩子的游戏，并设计专属的家庭游戏。

第 16 章

独处力

享受独处的父母帮孩子建立专注和抗打扰的能力。

我曾听一位幼儿园老师说过一个案例。一个妈妈说自己的孩子专注力不好，做什么都是"三分钟热度"。老师建议这个妈妈把自己当成摄像机去记录孩子一天的活动，不说话，不干预。结果发现，孩子玩水的时候，奶奶常念叨："小心别弄湿了袖子！"还

> 时不时给孩子擦擦脸上的水，又一会儿，孩子裤腿湿了，奶奶怕孩子着凉，一定要让他换衣服，换好衣服再玩的时候，奶奶又给了孩子半块苹果，孩子吃苹果的时候，奶奶就把玩水的东西收起来了，孩子后来就去玩别的了。做其他游戏时也与此类似，几乎没有一个游戏是完整的。后来这个妈妈跟奶奶沟通，请奶奶在孩子玩的时候不要打断孩子，结果两岁的孩子，玩水玩了一个半小时，专注力完全没问题。

其实除了一些有先天性注意力缺陷的孩子外，大部分孩子不能专注是因为缺乏培养专注的环境。例如，很多成年人也知道孩子看电视不好，不让孩子看。但是家里人都看电视，孩子很容易被声光电和跳动的画面吸引，也想看电视。而在看电视的过程中，孩子是被动被吸引的，看起来很专注，其实并没有主动去思考，这又会破坏孩子的专注力。导致孩子长大之后很难静下心听课、做作业。或者家长自己无法安静下来，忍受不了一个人，因此不相信或者不接受孩子可以自己玩耍这件事，总是想方设法地参与甚至干预孩子的活动，给孩子造成持续的干扰。

不干扰孩子，与父母有没有独处力有很大关系。**独处力指个**

人的独处能力。这里的独处不是指因为没有人陪伴不得不一个人待着，而是指能够自得其乐，享受一个人的状态。这和独自生活但却为此感到痛苦、难以忍受的状态截然不同。能够享受独处的人在独处时是愉悦、充实、满足的。独处力本质上来说是能够安静下来的能力，这种"静"对个体来说很有益处，它可以让我们保持对自己的观察和觉知，暂时放下所有社会角色，真实地做自己，维持稳定平和的情绪，帮助个体储备能量。

在心理咨询实践中，我曾接待过一些无法独处的成年来访者。他们无法一个人待着，没有人陪伴时就会发慌，感觉孤单、寂寞、凄凉，他们会找人陪自己吃饭、逛街、上课、睡觉，总之身边要一直有人，要有声音，哪怕面对的是自己并不喜欢甚至让自己深受伤害的人，也会因为担心自己没有人陪伴而对此进行忍耐。这些人之中有一些人已成为父母，他们事无巨细地参与孩子的生活，这种情况在孩子很小的时候还未造成什么明显的影响，甚至这些人会因为爱孩子而受到普遍的肯定，他们自己也在这种被需要的生活方式里自我感动，获得满足。但是当孩子长大、开始独立，需要父母放手时，问题开始出现。父母紧紧抓着孩子，在对孩子的干预甚至控制之中获得存在感和价值感；如果孩子对此有强烈的反抗，作为父母不能再为孩子"操心""拿主意"时，失控感就开始出现，这些人会出现一系列的情绪、行为和关系问题。

成年人要先学会独处

父母需要锻炼自己作为一个人的独处能力，可以从以下三个方面着手练习。

1. 客观认识独处，破除对独处的偏见和错误的认知

独处不代表孤独，更不代表没有朋友、没有人爱、缺乏社交能力，恰恰相反，能够独处的人反而更能够建立稳定和持久的人际关系，因为他们在生活中自洽自如，能够自我满足、自我认可和自我安抚，不会为了获取存在感和掌控感依附或控制其他人，也因此能够跟别人建立真实的关系。所以一个人能够跟自己好好相处，才能跟别人建立起好的关系，尤其是配偶和孩子。

因此，要锻炼独处能力，第一步就需要破除成年人对于独处的偏见，让自己不害怕独处，认可独处的意义和必要性。只有在这个基础上，人们才能有意识地主动练习独处。

2. 创造心流体验，培养兴趣爱好

心流（Flow）是由米哈里·契克森米哈（Mihaly Csiksze-ntmihayi）提出来的一个积极心理学概念，**指的是我们对某件事感兴趣或擅长某件事时高度投入、沉浸其中的状态，会让人忘记时**

间，废寝忘食，感受到强烈的充实感、满足感和成就感，做这件事情本身就是奖励，是一种来自内在的动力和激励。心流状态代表了我们真正热爱的事情，如果能将这转变为工作或爱好，会最大限度地调动我们的积极性和行动力，提升满意度和幸福感。

每个人能从中获取心流体验的事情不一样，有人是绘画，有人是读书，有人是听音乐或者创作音乐，有人是运动或冥想，有人是做手工、做实验或做社会调查。这需要我们拓展生活的广度和宽度，保持对外界的好奇心，在不断的尝试中找到自己感兴趣的事情。

3. 主动创造独处的时间和空间

对于父母尤其是一个妈妈来说，独处的时间和空间并非随处可见，而是要有意识地主动寻找。在一个属于自己的空间里，与人群包括家人和孩子暂时隔离开，做一些能够让自己产生心流体验的事情或其他让自己开心的事情，即便什么都不做，只是安静地跟自己待一会儿，哪怕用仅有的 15 分钟感受自己的情绪，厘清自己的想法，都能够帮助我们保持良好的心态。这里的空间既可以是物理层面上的，也可以是心理层面上的，例如，对于职场妈妈来说，午休时找一个安静的咖啡馆或者一个角落，给自己半个小时的时间听听音乐、闭目冥想，也是一种有效的独处练习。

在与一些妈妈尤其是职场妈妈沟通的过程中，我发现一种普遍存在的情绪——内疚感。一些职场妈妈因为要上班，感觉自己陪伴孩子的时间不够，便将晚上或者周末等可以支配的时间用来陪孩子，并且习惯性地把孩子的需求放在自己的需求前面。若这些妈妈拿出一段时间来满足自己的需求，去见见朋友、做做自己的事情，就会产生一种"这么做是不对的、不应该的"，是有悖于一个"好妈妈"的要求的想法。这种内疚感以及对自己需求的忽视对妈妈来说是一种严重的能量消耗，长远来看也会对亲子关系产生不良影响。这是我们需要面对和克服的议题。

适度退出孩子的生活

在与孩子的相处中，父母要让孩子自由玩耍，克制自己想教孩子、指导和帮助孩子的欲望，适度退出孩子当下的活动。

1. 让孩子自由玩耍，克制想要帮助或指导孩子的想法

孩子在学习和玩耍时，普遍会接收到来自父母方面的干扰。**一是语言上的唠叨**，例如，"哎，你这样不行！""你看你又洒身上了！""你慢一点。""你别一下子拿这么多玩具。""你翻书别翻这么快，你慢一点看。"**二是行为上的干涉**，例如，在孩子吃

饭时喂孩子吃饭；在孩子画画时，看孩子选的颜色不对或者涂出来的形状不够好，就握着孩子的手说："你这样画不对，你得这样画。""天是蓝色的，怎么能选黑色呢？给你这个，这是蓝色的，涂这个。"

这种干扰会严重地打消孩子的积极性和探索的欲望，削弱他们的能力感。一些家长反映："我家孩子，画不好就发脾气，就不肯再画了，现在的孩子怎么这么脆弱？"我建议家长们在给孩子贴上"脆弱"的标签前，先回顾一下，在孩子画画时，自己是否会从语言和行为上打击孩子，总是试图帮助和指导孩子。

父母不要总是摆出权威姿态，不要总试图告诉孩子什么是对的、什么是好的，而是要让孩子自由玩耍，自由探索，耐心等候，允许孩子犯错，允许孩子在试错中学习和成长；不要试图纠正孩子，要减少或杜绝对孩子的干扰。父母可以通过语言和行为给予孩子适当的示范，但是要避免对孩子的无端苛责和情绪发泄。

2. 逐步退出，让孩子主导游戏活动

年幼的孩子，尤其是 3 岁之前，在玩耍时会要求家长陪同，甚至很多游戏环节会让家长来玩，自己观看。家长在这个过程中要主动地有意识地逐步让孩子主导自己的活动，培养孩子的专注

力、投入度和自主性，可以参考如下三个步骤。

（1）逐步减少参与

从孩子最擅长、最熟悉的游戏开始，在孩子玩耍的过程中，除非孩子邀请，父母仅在旁边观看即可，减少动手和说话参与的频率。我家有一款动力沙，是模拟真实沙子的质感做的，孩子从 15 个月大时开始玩，玩了快 3 个月，一直非常喜欢。最开始，她让我来玩，她在旁边看，后来是她参与进来跟我一起玩，再后来不要我动手，会把我的手拿开，我只要看就行了，偶尔会让我帮忙，现在她力气也大了，不需要我做什么，但是要求我在旁边坐着观看和陪着。

（2）逐步增加物理距离

在孩子逐步可以接受父母少参与或者只是观看后，父母可以逐步增加自己与孩子的物理距离。还是以玩动力沙为例，女儿玩得很投入时，我有时候会去厨房倒水，她一看我不在身边，就会跑来找我，我会蹲下跟她说："妈妈在倒水，妈妈没走远。"她会拉着我再回到玩具旁边。过了不到一周，她很放心，知道妈妈在，能够自己玩，就不再要求我一直在旁边了。

（3）逐步增加游戏难度

在孩子可以自己玩耍后，结合孩子的动作和认知发展水平，逐步增加玩耍的难度，帮孩子保持在活动中的注意力和投入程度。例如，给她一些比之前更复杂、更需要摸索和试错的玩具。依然以动力沙为例，最开始她只是把沙子装进模具里再倒出来。后来看她玩得非常熟练，我把玩水用的小水壶和运水车拿给她，引导她把沙子装进模具，倒进运水车里，运到桌子的另一边，再用小水壶倒出来。她熟悉了这个过程之后，我引导她自己来做，发现她曾经一次玩了一个半小时，这对于 18 个月大的宝宝来说算是比较长的时间了。

本章小结

1. 独处力指个人的独处能力，指个体能够自得其乐，享受一个人的状态。

*2. 父母要客观认识独处，破除对独处的偏见和错误的认知。*一个人能够跟自己好好相处，才能与别人建立起好的关系。破除对于独处的偏见，让自己不要害怕独处，认可独处的意义和必要性。只有在这个基础上，人们才能有意识地去主动练习独处。

*3. 父母要创造属于自己的心流体验，培养兴趣爱好。*心流指的是我们对某件事感兴趣或擅长某件事时高度投入、沉浸其中的状态。心流状态代表了我们真正热爱的事情，如果能将这转变为工作或爱好，会最大限度地调动我们的积极性和行动力，提升满意度和幸福感。我们可以拓展生活的广度和宽度，保持对外界的好奇心，在不断

的尝试之中找到自己感兴趣的事情，这能够帮助
我们找到获取心流体验的事情。

4. 父母主动创造独处的时间和空间。要有意
识地主动创造独处环境，在一个属于自己的空间
里，与人群包括家人和孩子暂时分开，做一些能
够让自己产生心流体验的事情或其他让自己开心
的事情，或者只是安静地与自己待一会儿，哪怕
用仅有的 15 分钟来感受自己的情绪，厘清自己的
想法。

5. 父母与孩子相处时要让孩子自由玩耍，克
制自己想教孩子、指导和帮助孩子的欲望，适度
退出孩子当下的活动。父母不要摆出权威姿态，
不要试图告诉孩子什么是对的、什么是好的，要
让孩子自由玩耍，自由探索，耐心等候，允许孩
子犯错，允许孩子在试错中学习和成长，不要试
图纠正孩子，要减少或杜绝对孩子的干扰。家长
可以通过语言和行为给予孩子适当的示范，但是

要避免对孩子的无端苛责和情绪发泄。

6. 父母可逐步退出，让孩子主导游戏活动。首先，逐步减少参与；其次，逐步增加物理距离；最后，逐步增加游戏难度，帮助孩子保持在活动中的注意力和投入程度。

第 17 章

真实力

● 真实有温度的父母让孩子感受到温暖和安全感。

当妈妈后，我发现养育一个孩子，适应各种角色的变化，经营好家庭与事业，要付出很多努力，需要投入大量的时间和精力，兼顾起来并不容易。我经常出现情绪低落、着急焦虑、自我怀疑、无助、脆弱的情况，这些是面对压力的正常反应，很多妈妈都会遇到。但是有一些妈妈却不能接受自己的这种状态。曾经有一位来访者问我，说："你在带孩子的过程中，也会像做心理咨询时这样一直心态平和，情绪稳定，这么有力量吗？""为什么我总觉得自己什么都做不好，为什么别的妈妈都能够兼顾工作和生活，都特别成功，特别优秀，我却是一团糟？"我告诉她："我也有过很多自我怀疑的时刻，也会有很多的负面情绪。"因为我也只是一个普通人。

很多女性想要做完美的妈妈，希望在孩子面前永远心态平和，永远保持积极、乐观、开朗的状态，不允许自己脆弱，不允许自己疲惫，在伴侣、家人面前也是如此。甚至在面对自己时，很多人也不允许自己有一丝懈怠与软弱。这种内在孤独、难过、脆弱，却没有出口去释放，无法真实地做自己的状态，将使人在情绪、精力、心理状态上造成了巨大的消耗，严重者甚至患上了心理疾病，例如，最常见的就是微笑抑郁症。

微笑抑郁症是抑郁症的一种，概括来说就是，这类抑郁症患者并不是像大家认为的那样总是情绪低落、愁容满面、缺乏行动力，相反，他们甚至可能是每天"鸡血满满"、充满正能量、看起来很开心、很乐观，对其他人也很友好，他们带给别人的永远是微笑、体贴、友善、关怀，似乎没有情绪低落的时候。也正因为如此，微笑抑郁症不容易被人察觉，遭遇这类问题的人也不愿意主动求助，在微笑的面具之下抑郁得越来越严重，甚至走上不归路。微笑抑郁症患者之所以会如此，就在于他们缺乏展现真实的能力，与周围的人接触时总戴着一副面具，让人触摸不到，无法建立真实的、真诚的联结，他们自己或者周围的人也无法接受他们真实的一面。

父母缺乏真实对孩子的影响

缺乏真实力的父母在与孩子相处时，主要会产生如下两方面的影响。

1. 在跟孩子相处的过程中，**缺乏真实力的父母会不自觉地以完美的标准要求孩子**，无法接受孩子的脆弱与软弱；孩子也就没办法展示真实的自己，只能做父母期待中的完美孩子，但大部分孩子没有能力独自应对挫折、痛苦或焦虑，最后可能会产生严重的心理疾病。

我曾经接过一个案例，这个孩子向妈妈倾诉自己在学校中遭遇的种种不适应的情况，说自己跟同学们相处时感觉吃力、交不到朋友很孤单，妈妈会说："你没问题的，妈妈相信你可以做好的，你很优秀，不会交不到朋友的。"当她试着向妈妈表示自己想要转学时，妈妈又会说："谁都有不适应的过程，过一段时间就好了，换个学校也会这样，你不要想那么多，好好学习就行了。"这个孩子觉得妈妈没办法理解她，也不愿意接受她不好的地方，她就变得越来越沉默，不再跟妈妈说心里话。后来她去外地读大学、工作也总是报喜不报忧，所有的压力都自己硬抗。

2. 父母对无助、脆弱低落的想法或者情绪的回避，会让孩子觉得有负面情绪是羞耻的，是不应该的，表达出来更是不被允许的。不仅在父母面前，他们长大了之后在朋友、同事、配偶面前也不会展现自己真实的那一面，总是把自己包装成充满正能量的、开心快乐的样子，甚至会因为自己孤独与脆弱的感受而指责自己、轻视自己，情绪得不到释放的出口，在人际关系中也总是在讨好别人。

真实能够让人感受到自己真正活着

真实是一种力量。无论外在物质条件、人际关系是怎么样的，一个人能够真实地做自己时，就能够感受到自己真正地活着，也能够与别人建立起有温度的、有情感的联系。真实的父母也可以接受孩子真实的一面，感受和理解孩子的情绪，能够帮孩子认识到，情绪低落是很正常的，这不是丢人的事情，不是羞耻的事情。只有如此，孩子才能在父母面前打开自己，与父母建立健康的亲密关系。这种力量也会传递给孩子，让孩子更能够自我接纳，对自己的满意度更高，幸福感更强。

真实是如此重要，我们每个人都需要提升自己的真实力。这要怎么做呢？我在这里给大家四条建议。

1. 接纳自己是一个普通人

这个世界上没有完美的人，我们应认识到自己不过是一个普通人，承认自己对别人有需要，接受自己可能会脆弱、会软弱，会有情绪、会有无能为力的感觉的事实。承认自己只是一个普通人，会让我们对自己不那么苛求，对自己多一些包容和谅解。

我曾有一位来访者深受情绪的困扰。当她的内心产生强烈的情绪时，她会习惯性地将其压抑下来，因为她认为有情绪是一种很不体面也很不成熟的表现。她很想成为永远不会生气、永远不会动怒、特别淡定的人，这样的理念带给她很多困扰，因为她发现自己做不到，她经常因为自己的情绪而指责自己，为此感到懊恼、羞愧。我们用了很长的时间去讨论她关于情绪的误解，当她意识到普通人都会有情绪，她对自己过于苛责时，她便释怀了，整个人感觉到从未有过的轻松。

泰勒·本-沙哈尔（Tal Ben-Shahar）曾说："要在内心保持

一个观点，即接受自己全然为人。每个人都会体验到心理的高峰和低谷，要接受自己每一个当下所体验到的情绪。"当你感觉不舒服，感到心烦、焦虑时，不代表你出了问题，相反这是再正常不过的反应。我们要学着让自己接纳内心出现的各种情绪与情感，拒绝坏情绪只会使它更严重，甚至最终把我们吞噬。

2. 保持对自我的觉察

> 我曾经听一位年轻的父亲分享过他的一段生活插曲。有一次，他听到自己的母亲对自己的女儿说："囡囡，你不能这样，你要是不听话，奶奶就不喜欢你了。"一向不会违逆母亲的他感到"一股遏制不住的怒气涌上来"，他大声地跟母亲说："你可以告诉她为什么不能这么做，但你不能威胁她。"说完之后，他和母亲都愣住了，母亲愤而离家。他没想到自己会有那么大的情绪反应，内心的愤怒压都压不住。
>
> 他说，在他小时候母亲经常对他说类似的话，他虽然不舒服，但当时的自己并不明白这是为什么，也不敢表达。这一次的经历让他意识到，原来这些感受他并没有忘记，只是被暂时遗忘。与母亲争吵，不只是替女儿出头，更是为小时候的自己表达不满。带着

> 这样的发现，他看到自己内心未被充分爱着的那种遗憾和恐惧。这让他一方面更了解自己，与小时候的自己建立了联结，在现实中变得更有力量；另一方面让他有意识地提醒自己，在与女儿的相处中，他要时刻注意自己的言行，不要将无意识中从母亲那里"继承"下来的威胁和恐吓的教育方式用在孩子身上。

这个事例也在告诉我们，要保持对自我的觉察，时刻观察和思考我们的言行是什么样子的，探究为什么会这样以及这样可能会对孩子产生的影响。这会让我们越来越了解自己，越来越接近真实的自己，进而既能够与自己建立联结，又有助于自己与孩子建立起亲密和真实的关系。

3. 遇到问题和挫折时学会求助

向他人求助并不羞耻，并不代表自己无能，反而是一种跟别人产生联系或深入沟通的方式。试着让别人帮助自己，看到自己内心的真实一面。这些人是我们可以信任和求助的人，他们组成了我们的社会支持系统。建设属于自己的社会支持系统，学会向他人求助，能够让我们与其他人建立起亲密的情感联结，分享生活中的快乐，共渡生活中的难关。社会支持系统的组成可以有不同的层级，按照他人与我们的亲密程度和我们对他人的信任程度划分。在这个社会支持系统里，既可以有我们的朋友与家人，也可以有谈得来的网友或者心理咨询师。

在与孩子的相处中，父母要学着在适度的范围内恰当地表达自己的诉求，这不仅不会削弱父母在孩子心中的地位，而且会激发孩子的保护欲和责任感，这也是对孩子保持真实的体现。

有一次，我身体不舒服，又陪孩子玩了整个白天，到晚上已是又累又困，有一种快要撑不住的感觉。于是我对孩子说："闹闹，妈妈现在很累，妈妈需要休息一会儿，你自己先在这里玩，如果有需要你可以找爸爸，妈妈醒来再陪你玩儿，好吗？"当时不到两岁的女儿看着我，点点头，嘴里重复说着："妈妈累，妈妈休息一会儿，妈妈累，妈妈休息一会儿！"一边说一边推着我进卧室。在我休息的过程中，闹闹一直都没进来，时不时地指着卧室对她爸爸说："妈妈休息一会儿。"要知道平时她是一刻都不得闲，每天在卧室客厅之间来来回回十几趟，这次她听到了我的需求并以她的方式在照顾我。

4. 先照顾好自己，再照顾孩子

我们要对自己公平一点，要看到并满足自己的需求，当你想笑的时候，就笑；当你想哭的时候，就哭，成为你自己的情绪和心态的主人。当你想做或不想做什么事情时，你有权决定自己想做还是不想做。这一点相信每一个人都听过，也都听得懂，但是在实际生活中，很多问题的出现，往往是因为人们做不到这一点。

> 一位妈妈曾经在整个咨询过程中一直哭泣。咨询结束时，她说自己已经很久没有这么痛快地哭过了。在家里当着孩子的面不能哭，因为孩子可能会害怕；在父母面前不能哭，因为父母会担心；在领导和同事面前更不能哭，因为不想让别人觉得自己脆弱；在老公面前哭却不被理解，宁愿不哭。好像没有一个地方、一个时刻可以为自己哭一场。这位妈妈说，自己似乎被困在了一种无能为力的状态里，这让她在很长的时间里都像是戴着面具在生活，常有种不真实的感觉。哭泣让她感受到了自主和真实。

对于大部分人来说，我们可能只能做普通的父母，无法做到完美。我们有自身的限制，也有自己的需求。我们只有在照顾好自己之后，才能更好地照顾孩子和家庭。所以，我们要放弃对于完美的执着，放下对自己过分严苛的要求。

本章小结

*1. 真实是一种力量。*无论外在物质条件、人际关系是怎么样的，一个人能够真实地做自己时，就能够感受到自己真正地活着，也能够与别人建立起有温度的、有情感的联系。

*2. 接纳自己是一个普通人。*这个世界上没有完美的人，我们要认识到自己不过是一个普通人，承认自己对别人有需要，接受自己可能会脆弱、会软弱、会有情绪、会有无能为力的感觉的事实。承认自己只是一个普通人，会让我们对自己不那么苛求，对自己多一些包容和谅解。

*3. 保持对自我的觉察，*让我们越来越了解自己，越来越接近真实的自己，这使我们既能够与自己建立联结，也有助于自己与孩子建立起亲密和真实的关系。

4. 遇到问题和挫折时学会求助。建设属于自己的社会支持系统，学会向他人求助，能够让我们与其他人建立起亲密的情感联结，分享生活中的快乐，共渡生活中的难关。在与孩子的相处中，学着在适度的范围内恰当地表达自己的诉求，这不仅不会削弱父母在孩子心中的地位，而且可以激发孩子的保护欲和责任感，这也是对孩子保持真实的体现。

5. 先照顾好自己，再照顾孩子。我们有自身的限制，也有自己的需求。只有在照顾好自己之后，才能更好地照顾孩子和家庭。所以，我们要放弃对于完美的执着，放下对自己过分严苛的要求。

第 18 章

幸福力

● 有本事幸福的父母让孩子拥有追求幸福的动力。

幸福是一种心理感受，并且真正的幸福应该是自己真实感受到的幸福，而不是他人以为的幸福。幸福可以通过练习逐渐获得，这种让自己幸福的能力就是幸福力。我们渴望幸福，渴望快乐。但不是所有人都拥有让自己幸福的能力。大部分父母都希望自己的孩子幸福，但他们自己不幸福的时候，孩子也很难幸福。

> 我认识一个姑娘，她不到 30 岁，不恋爱，不结婚，不社交，下班之后就回家陪妈妈，工资卡上交，用每一分钱都要妈妈同意。在她很小的时候，父母就离婚，妈妈一个人带着她生活，经历了很多波折。有一次，她与我偶尔说到内心的痛苦，她哭了，但只哭了几秒钟就努力克制自己平静下来，她说自己担心妈妈看到她眼睛红了会难受。每当妈妈对她倾诉自己这辈子多么痛苦多么不容易时，她都会下决心，宁愿牺牲自己的一切也要让妈妈开心。

在这个故事里，因为母亲的不幸福，女儿决定将自己献祭出来，弥补母亲的不幸。母亲没有能力让自己幸福，也在周围建立起强大的不幸磁场，在这个磁场里受影响最大的是孩子。孩子会不计代价地满足母亲的需求。母亲不幸福，孩子就不敢幸福，因为孩子的幸福似乎变成了对母亲的背叛。

现实中存在有能力幸福的妈妈，例如，明星王菲，她经历了两段婚姻、几次恋爱，但无论是与前夫、前夫家人，还是与女儿，都相处得很好，自己过得很幸福。这样的妈妈养出来的孩子会明白，妈妈有自己的人生，妈妈过得很好。这些孩子也会过好自己的人生，不会为自己过得幸福而对妈妈有愧疚感。大家看窦靖童，有想法，有主见，有教养，有才华，过着自己喜欢的生活，这不就是大部分父母希望自己的孩子能够拥有的状态吗？

父母要如何提升自己的幸福力

1. 为自己的幸福负责

很多人之所以不幸福是因为他们将自己幸福与否的决定权放在了别人手上，例如，"老公有钱、体贴，孩子听话、学习好，我才能幸福。""被别人羡慕，我才能幸福。""比别人过得好，我才能幸福。""取得了某些成就，我才能幸福。"这些都是让别人来掌控自己是不是幸福，本质上是把主动权让给了别人。一个人幸福与否的根本在于自己。若父母能够把握自己的幸福，无论在困境还是顺境中都可以保有乐观积极的心态，这种自我负责的态度就能够给孩子一个良好的示范。

2. 认可和肯定自己

关注自己做得好的方面，真正欣赏自己、认可自己，就像你曾经真诚地赞美别人那样赞美自己。这不是简单地夸赞自己，"你真好""你真棒"，这样的赞美往往显得不真诚且虚假，而是基于事实来欣赏自己，赞美的理由要充分、具体、具有感染力。例如，"我今天对工作保持了一整天热情，没有懈怠，这非常值得夸奖，我很棒！""今天又遇到了前几天来投诉的客户，我保持微笑、彬彬有礼地接待了他，发现他的态度变化了很多，没有那么咄咄逼人，事情圆满地解决了，我处理得非常好，大家都对我很认可。"

哪怕这一天很平淡，没有特别令人高兴的事情，我们也可以告诉自己："今天很平静，我带着对自己的觉察度过了这一天，坚持得很好。"通过这样的练习，我们能够学会发现自己的优势和特点，养成自我欣赏和自我肯定的习惯。

3. 每天记录三件好事

这是积极心理学所倡导的"**三件好事法**"，即每天记录生活中的三件让自己感觉愉快的事，这些事可以是我们主动去做的，也可以是他人发起的。对于每一件好事，我们都要描述具体场景和原因，即**当时发生了什么，为什么我们觉得这是一件好事，它带给我们怎样良好的感觉**。

每天坚持写下三件好事，坚持 6 个月之后，我们会发现自己身边发生的大部分都是好事。这是因为，在"要记录好事"这一目标的指引下，你会让自己主动地去发现身边的好事，写出好事之所以是好事的原因及相应的感受，相当于重新经历了一次好事。坚持写下去不容易，尤其当你遇到困难或者挫折，发现似乎"没有任何好事可写"时，写下三件好事就会变得很难，但是若你能够努力坚持下去，发现和感受好事就会成为你的习惯。

帮助孩子提升幸福力

1. 引导孩子看到事物的多面性，培养批判性思维

引导孩子看到人或事物的多面性，从不同的角度看待问题，避免其陷入非黑即白的全或无的思维中，这有助于培养孩子养成积极的思考方式，建设良好的心态。父母们可以参考如下两个方法。

（1）给孩子看一些两可图，引导孩子从不同角度看待同一物品或图形。例如，有这样一幅图，以白色为背景时，我们会看到两个面对面的人脸，以黑色为背景时，我们会看到一个白色的高脚酒杯。同样一个东西，既可以看成 A，又可以看成 B，这就是非常好的思维训练素材。

市面上有不少有趣的育儿书，里面某些图片或形象正面看是一个样子，侧面看是另一个样子，反过来看又是一个样子。同样一个东西，换一个角度，看到的就不一样了；同一件事，换一个角度可能就不是原来设想的那样了。

（2）给孩子讲故事，一起看动画片或者某些影视作品时，引导孩子看到人和事的多面性，避免非黑即白的贴标签的行为。不要直接告诉孩子，这个是坏人，那个是好人，因为人是复杂的、多面的，没有绝对的好人和坏人。

以灰姑娘的故事为例，一些家长或老师讲这个故事时可能会直接给出结论，说灰姑娘是好人，继母和两个姐姐是坏人等。但有一位老师在跟学生讨论时却能够从个体出发，让孩子们看到人物的多面性。

老师：你们喜欢故事里面的哪一个人物？不喜欢哪一个？为什么？

学生：喜欢辛德瑞拉（灰姑娘），还有王子，不喜欢后妈和姐姐。辛德瑞拉善良、可爱。后妈和姐姐对辛德瑞拉不好。

老师：如果午夜 12 点，辛德瑞拉没来得及跳上南瓜马车，想一想，可能会出现什么情况？

学生：辛德瑞拉还是原来脏脏的样子，穿着破旧的衣服。哎呀，那就惨啦！

老师：所以，你们一定要做一个守时的人，不然可能就会有麻烦。另外，你们千万不要突然邋里邋遢地出现在别人面前，不然你们的朋友会吓着。女孩子们更要注意，你们将来和男孩子约会时，要是不注意形象，被男朋友看到你邋遢的样子，他们可能就会被吓昏了。（老师做昏倒状，全班大笑）

老师：好，下一个问题，如果你是辛德瑞拉的后妈，你会不会阻止辛德瑞拉去参加王子的舞会？你们一定要诚实哦！

学生：（过了一会儿，有孩子举手回答）是的，我会阻止辛德瑞拉参加王子的舞会。

老师：为什么？

学生：因为我希望自己的女儿当上王后。

老师：是的，所以，我们看到的后妈好像是不好的人，她只是对辛德瑞拉不够好，对自己的孩子却很好，她不是坏人，只是她不能像爱自己的孩子一样去爱其他的孩子。

老师：孩子们，下一个问题，辛德瑞拉的后妈不让她去参加王子的舞会，甚至把门锁起来，她为什么能够去，而且成了舞会上最美丽的姑娘呢？

学生：因为有仙女帮助她，给她漂亮的衣服，还把南瓜变成马车，把狗和老鼠变成仆人。

老师：对，你们说得很好！想一想，如果辛德瑞拉没有得到帮助，她可能去参加舞会吗？如果狗和老鼠都不愿意帮助她，她能在最后的时刻成功地跑回家吗？

学生：不会，那样她就可以成功地吓着王子了。

（全班再次大笑）

老师：所以，无论走到哪里，我们都是需要朋友的。我希望你们有很多很多的朋友。请想一想，如果辛德瑞拉因为后妈不愿意她参加舞会就放弃，她还有可能成为王子的新娘吗？

学生：不会！那样的话，她就不会去舞会，不会与王子相遇相识，王子也不会爱上她了。

老师：对极了！如果辛德瑞拉不想参加舞会，就是她的后妈没有阻止，甚至支持她去，也是没有用的，是谁决定了她要去参加王子的舞会？

学生：她自己。

　　老师：所以，孩子们，就是辛德瑞拉没有妈妈爱她，她的后妈不爱她，她也不能够不爱自己。如果你们当中有人觉得自己没有人爱，你们要怎么样？

　　学生：要爱自己！

　　老师：对，没有一个人可以阻止你爱自己，如果你觉得别人不够爱你，你就要加倍地爱自己；如果别人没有给你机会，你应该加倍地给自己机会。没有人可以阻止辛德瑞拉参加王子的舞会，没有人可以阻止辛德瑞拉当上王后，除了她自己。对不对？

　　学生：是的！

　　老师：最后一个问题，这个故事有什么不合理的地方？

　　学生：（过了好一会儿）午夜 12 点以后所有的东西都要变回原样，可是，辛德瑞拉的水晶鞋没有变回去。

　　老师：天啊，你们太棒了！你们看，就是伟大的作家也有出错的时候，所以出错不是什么可怕的事情。我相信，如果你们当中有人会在将来成为作家，一定比这个作家更棒！你们相信吗？（孩子们欢呼雀跃）

　　这位老师讲故事的过程就是在对孩子的批判性思维进行积极引导的过程。很多事情可能都有两面性，每个人的行为背后都有其原因和动机，没有绝对地好与坏。我们生活中遇到的事情也是如此。每个人既有开心的时候，也会有不开心的时候，既有积极的情绪，也有消极的情绪。我们每个人既有优点，也有缺点。这些看待问题的观点和角度会潜移默化地影响孩子的思维，帮助他们学习如何辩证地看待问题。思维开阔、辩证，有助于人们保持平和的心态，不容易走极端。

2. 例出优点清单，增强积极感受

　　拿出一张纸，父母和孩子各写下自己的 10 个优点，如果觉得有困难，可以让对方帮忙补充。父母说出孩子的几个优点，孩子写下来；孩子也可以说出父母的优点，父母写下来。写完优点之后，对照清单，每个人都说出一两个实例来证明自己的优点。

　　例如，父母问孩子为什么觉得自己善良，孩子可能会举出"在幼儿园帮助了其他小朋友收拾书包"这件事；孩子可以问父母为什么写"勤奋"，父母就可以阐述自己"工作很努力，遇到不明白的事情就会查资料、向领导和同事请教直到搞明白为止"等。这个游戏可以互换，父母写孩子的优点，说优点对应的生活事件，孩子可以补充，反之亦然。这样做后，孩子也能够了解

到，在父母心中自己是什么样子的，有哪些事情父母看到并记在了心里。父母也能够从孩子的角度重新看待自己的一举一动及对孩子的影响。

优点清单可以作为一个日常游戏，每隔一段时间就可以拿来玩。每次游戏结束后，一家人可以把优点清单贴在墙上作为家庭活动的展示，同时留出空白，让孩子随时补充，随时去挖掘自己的优点。这个过程也是引导孩子关注自己积极的一面，不断强化内心的良好体验的过程。对于孩子来说，刚开始做这个活动可能没那么容易，他们可能想不到那么多优点，或者一下子想不到对应的事件，这没关系，父母可以引导和帮助孩子，也可以让他们向其他人求助，比如自己的老师、同学、其他亲人，这些既可以强化孩子的优势，提升他们的自信，又会增强他们的自我认识，也会促进家庭成员之间的融洽关系，是一种可以持续和稳定地提升幸福感的方法。

类似的方法其实还有很多，例如，同孩子一起看一场喜欢的电影或演出、一起出游、一起锻炼身体、一起参加活动、一起去逛街等。陪伴孩子成长需要我们保持一种开放的心态，有意识地训练自己从积极正向的角度去思考问题，将"让自己更幸福"作为一种生活理念和生活习惯来培养和实践。

本章小结

1. 幸福力是指让自己幸福的能力，真正的幸福是指自己真正感觉到的幸福，而不是他人认为的幸福。

2. 父母要为自己的幸福负责。一个人幸福与否的根本在于自己。为自己的幸福负责，而不是将幸福与否的主动权交给他人。

3. 父母要先认可和肯定自己。关注自己做得好的方面，真正地欣赏自己、认可自己，就像你曾经真诚地赞美别人那样赞美自己，基于事实地欣赏自己，赞美的理由要充分、具体、具有感染力。

4. 每天记录三件好事。每天都记录生活中的三件让自己感觉愉快的事，这些事可以是我们主动去做的，也可以是他人发起的。对于每一件好

事，我们都要描述具体的场景和原因，即**当时发生了什么，为什么我们觉得这是一件好事，它带给我们怎样良好的感觉**。

5. **引导孩子看到事物的多面性，培养批判性思维**。给孩子看一些两可图引导孩子从不同的角度看待同一事物，学会从不同的角度看待问题，避免陷入非黑即白的全或无的思维，这有助于孩子养成积极的思考方式，建立良好的心态。给孩子讲故事、一起看动画片或者某些影视作品时，引导孩子看到人和事的多面性，避免非黑即白贴标签的行为。

6. **列出优点清单，增强积极感受**。拿出一张纸，父母和孩子各写下自己的 10 个优点，并说出具体的证明。

好课推荐

北师大亲子关系力名师教你：

提升 13 种亲子关系力　经营高质量亲子关系
（音频课程）

理论解读＋案例分析＋实用方法

从"打架王"到"小哭包"

都有科学的解决方法

每位父母都不能错过的亲子关系课

主讲人：张琳琳，笔名牧沐

课程大纲

提升13种亲子关系力
经营高质量亲子关系

- 导论：关系决定关系，童年期的关系决定了成年后的关系

- 模块一：妈妈的亲密关系对孩子未来家庭事业的关键影响力
  - 父母的亲密关系状态塑造了孩子关于亲密关系的信念
  - 我们与原生家庭的关系影响了我们与孩子的关系
  - 学会管理情绪，为孩子提供和谐安全的家庭氛围
  - 学会正确看待和评价自己，让孩子拥有广阔的职业前景

- 模块二：13种亲子关系力建立高质量亲子关系
  - 富养力、共情力、情绪力、尊重力、接纳力、信任力、放手力、游戏力、独处力、拒绝力、改变力、真实力、幸福力

- 模块三：亲子关系力提升5部曲
  - 掌握1条定律：养出幸福有底气的孩子
  - 抛弃2种心态：养出负责不抱怨的孩子
  - 学会3个技巧：养出自信又乐观的孩子
  - 掌握4个方法：养出独立有主见的孩子
  - 练习5个步骤：养出会管理情绪的孩子

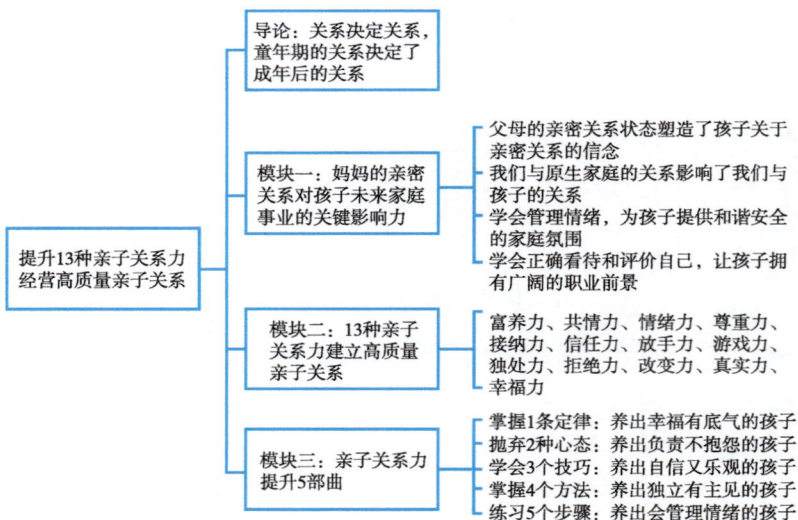

扫描二维码获取课程